AF234172

TABLE

DES

ORDONNANCES, ARRESTS
ET REGLEMENS

CONCERNANT

LES FERMES ROYALES-UNIES.

Rendus pendant les mois de Juillet, Aoust & Septembre 1692.

A PARIS,

Chez la Veuve SAUGRAIN & PIERRE PRAULT, Imprimeur
des Fermes du Roy, Quay de Gêvres, au Paradis,
& à la Croix Blanche.

M. DCC. XXXIV.

SUITE DE LA TABLE

DES ORDONNANCES DU ROY,

ET ARRESTS DU CONSEIL,

CONCERNANT

LES Fermes Royales-Unies, comprifes au Bail de Maître Pierre Pointeau ; rendus pendant les mois de Juillet, Août & Septembre 1692.

Du premier Juillet 1692.

ARREST Contradictoire du Confeil, entre les Proprietaires de la Fregate le Jeune homme, le Capitaine & les gens de fon Equipage : Et Maître Pointeau , Fermier general des Fermes-Unies. Qui ordonne que le Marché fait par le porteur de la Procuration defdits Proprietaires, des Tabacs par eux pris fur les Anglois , fera executé , à la charge par ledit Pointeau & fes Commis, de faire pefer & recevoir lefdits Tabacs à S. Malo . & les faire tranfporter à Dieppe , aux frais & périls defdits Proprietaires.

Du 3. Juillet 1692.

* Arrêt du Confeil , qui ordonne que les Soyes & autres

Marchandises de Levant, des Etats du Grand Seigneur, du Roi de Perse, d'Italie & Affrique, venant à droiture desdits Païs, ou Entreposées aux Païs Etrangers, sans exception, qui viendront au Port de Dunkerque, y payeront le droit de vingt pour cent, de leur valeur, &c.

Du 3. Juillet 1692.

*　Arrêt du Conseil, portant que les Arrêts des huit Novembre, 20. 23. & 27. Decembre 1687. 17. Fevrier & 7 Decembre 1688. seront executés, & les droits portés par l'Arrêt du 20. Decembre 1687. levés & perçus sur les Draps & Etoffes de laines de toutes sortes, sans exception, aux Bureaux de Calais & de S. Valeri : Et que les Draps & Etoffes de Poil, & de Fil, ou mélés de laine, soye ou d'autres matieres, ne pourront entrer dans le Royaume, que par les Ports desdites Villes, en payant trente pour cent, de leur valeur, &c.

Du 3. Juillet 1692.

*　Arrêt du Conseil, qui regle les droits qui seront payés tant à la sortie, qu'à l'entrée du Royaume, sur les Marchandises y specifiées, à commencer du premier jour d'Août prochain.

Du 8. Juillet 1692.

*　Arrêt du Conseil, qui casse six Sentences des Officiers du Grenier à Sel de Reims, des 26. Avril, 3. & 10. Mai dernier ; Ordonne que les particuliers y dénommés, seront contraints par les voyes ordinaires au payement de l'amende de deux cens livres, qu'ils ont encouruë, conformément à l'Ordonnance, pour avoir acheté du faux Sel ; Et que le Président dudit Grenier qui a présidé ausdites Sentences, se rendra incessamment à la suite du Conseil, &c.

Du 8. Juillet 1692.

Arrêt du Conseil, qui ordonne que M^e. Pierre Pointeau remboursera à M^e. Pierre Domergue, la somme de soixante-quatre mille six cens vingt-quatre livres treize sols sept deniers, à laquelle monte les Ouvrages faits à l'Hôtel Seguier & Basse-court d'icelui, suivant l'arrêté du sieur Bruant, en remettant par ledit Domergue, les Memoires & Quittances des Ouvriers, entre les mains du sieur Mousle, Notaire, qui les gardera : Et que ledit Pointeau sera remboursé de ladite somme à la fin de son Bail par le Fermier qui lui succedera, &c.

Du 8. Juillet 1692.

Arrêt du Conseil, sur une saisie de Tabac faite sur le nommé Blanchard Marchand, par les Gardes des Fermes, qui ordonne, sans s'arrêter à la Sentence des Officiers de l'Election de Langres du 7. Mars 1690. ni à l'Arrêt de la Cour des Aydes du 23. Janvier dernier, que Sa Majesté a cassés & annullés, à l'égard de l'amende seulement) Que l'article XXV. du titre commun pour toutes les Fermes, de l'Ordonnance de 1681. sera executé. Condamne ledit Blanchard en l'amende de trente livres, &c.

Du 8. Juillet 1692.

* Arrêt du Conseil, qui juge que l'état du gros manquant signifié aux Syndics des Paroisses, vaut commandement à l'égard de tous les particuliers redevables dudit droit qui y sont compris, & interrompt la fin de non-recevoir, faute de poursuites dans les dix-huit mois de la récolte.

Du 8. Juillet 1692.

* Arrêt du Conseil, qui ordonne que ceux qui ont cy-devant possedé des Offices Domaniaux dans l'étenduë du Parle-

ment de Tournay & qui acquereront de pareilles Charges, créées par Edit du mois de Fevrier 1691. conserveront leur ancien rang, & seront dispensés de subir un nouvel examen , faisant seulement regiſtrer leurs Lettres de proviſions audit Parlement de Tournay.

Du 9. Juillet 1692.

* Arrêt pour informer contre ceux qui négocient les emplois des Fermes du Roi.

Du 19. Juillet 1691.

Arrêt contradictoire du Conseil , qui ordonne que Me. Pierre Pointeau, payera aux Proprietaires, Fermiers & Marchands de Sel , seize livres treize sols pour chaque Charge de Sel quitte de Dixme, par lui enlevé des Marais de Bourgneuf : Et que l'article premier de l'Ordonnance des Gabelles de 1680. sera executé.

Du 22. Juillet 1692.

* Arrêt du Conseil , qui ordonne que ceux qui seront porteurs de Passeports , pour l'exemption des droits de Sortie & d'Entrée , seront tenus de les representer avec leurs Marchandises , au premier Bureau de leur route , de certifier au bas d'iceux qu'ils n'ont payé aucuns droits , & faire les soûmiſſions requises : Et leur défend d'appliquer lesdits Passeports à des marchandises pour leur commerce , ou autres usages , &c.

Du mois d'Août 1692.

* Edit qui confirme à perpetuité tous les possesseurs des Terres & Heritages en Franc-aleu , Franc-bourgades, & Franche-bourgeoisie , dans leur franchise & liberté, en payant Finance.

TABLE.

* Edit du Roi, *Lû*, *publié & regiſtré* le 22. *Septembre* 1692.
Portant confirmation de la Chambre des Comptes à Dole,
& Erection d'icelle en Cour des Comptes, Aydes, Domai-
nes, & Finances de Sa Majeſté au Comté de Bourgogne.

Du 5. Août 1692.

* Arrêt du Conſeil, qui ordonne que la levée des neuf
livres par minot de cruës accordées aux Etats de la Province
de Bourgogne, ſera faite par les Commis de Maître Pointeau, conjointement avec celui du Sel, pour le recouvrement fait, les fonds être remis à ceux qui ſeront prépoſés
par les Etats de ladite Province.

Du 5. Août 1692.

Arrêt du Conſeil, concernant les défenſes aux Voituriers,
d'introduire le Sel de Peccais, dans le haut Languedoc,
qui ordonne ſur la Requête du Fermier, que par le ſieur
de Baſville, Intendant de la Province de Languedoc, il ſera
dreſſé procès-verbal des conteſtations des Parties, pour le
tout vû, avec ſon avis, être fait droit ainſi qu'il appartiendra.

Du 16. Août 1692.

Arrêt du Conſeil, qui permet à Maître Pierre Pointeau,
Fermier général des Gabelles de France, d'enlever la quantité de Sel neceſſaire pour les fourniſſemens des Greniers de
la Ferme, des Marais du bois de Cené, Beauvoir, Iſle de
Boüin & Noirmouſtier, en payant pour chaque charge de
Sel, la ſomme de ſeize livres treize ſols, juſqu'à ce qu'autrement en ait été ordonné.

Du 16. Août 1692.

*   Arrêt du Conseil, portant reglement pour le recóuvrement des droits de Franc-fiefs : & des taxes ordonnées être payées pour la confirmation du Franc-Aleu, par les Edits du present mois.

Du 16. Août 1692.

*   Arrêt du Conseil, qui fait défenses aux Marchands Potiers d'Etain & autres, de vendre ou expofer en vente aucuns Ouvrages d'étain qu'ils n'ayent été marqués, effayés & controllés.

Du 16. Août 1692.

* Arrêt du Conseil, qui fait défenses à tous Soldats & Vivandiers, de vendre aucunes boissons en détail, sans payer les droits & faire déclaration, à peine par les Commandans d'en répondre en leurs propres & privés noms.

Du 19. Août 1692.

*   Arrêt du Conseil, qui réduit & modere le Caffé au prix de cinquante fols la livre, y compris le prix du Marchand, & autres droits.

Du 26. Août 1692.

Arrêt du Conseil, qui ordonne que les Sous-Baux, Arriere-Baux & Abonnemens faits par Hervé Lory, fes Procureurs & Commis, pour raifon des droits de la Marque fur les Chapeaux, feront executés au profit de Me. Pierre Pointeau, auquel Sa Majefté permet neanmoins de réfilier ceux que bon lui femblera, & d'en faire d'autres à telles perfonnes & pour tel prix qu'il lui plaira ; fans que pour raifon de ce , il puisse être tenu d'aucuns dommages & interêts.

Du 2. Septembre 1692.

*   Arrêt du Conseil , qui proroge pendant l'année qui com-
mencera au premier Octobre prochain, & qui finira au dernier Septembre 1693. les décharges du Droit Annuel, dès
cinq sols anciens & nouveaux , de la subvention & autres ,
accordées par l'Arrêt du Conseil , & Declaration du Roy du
quatriéme Mai 1688.

Du 2. Septembre 1692.

*   Arrêt du Conseil , en faveur des Officiers du Grenier à
Sel d'Autun & Chambre de Montcenis, pour l'acquisition du
Droit manuel de 13. sols. 6. d. qui declare commun avec
eux l'Arrêt du 22. Septembre 1691. accordé aux Officiers
du Grenier à Sel de Paris. Permet au sieur Grangier , Présí-
dent audit Grenier à Sel d'Autun , d'emprunter au nom
collectif de tous les Officiers , la somme de vingt-quatre
mille trois cens quatre vingt treize liv. onze sols , conformément à la Déliberation du 22. Juillet dernier , &c.

Du 9. Septembre 1692.

*   Arrêt du Conseil , concernant les Offices de Controlleurs des Exploits créés par Edit de Mars 1691.

Du 13. Septembre 1692.

*   Ordonnance du Roi , qui défend la sortie par Mer ,
d'aucuns Bleds , Orges , Seigles , & autres Grains de son
Royaume , pour être transportés dans les Païs Etrangers.

Du 15. Septembre 1692.

*   Ordonnance du Roy , portant défenses à tous Chefs ,
Officiers , Cavaliers , Dragons & Soldats de ses Troupes ,
tant Françoises qu'Etrangeres , qui ont & qui auront Ordre

de repaſſer dans le Royaume , pour aller dans les lieux de garniſon & quartier d'hyver , de ſe charger d'aucunes Marchandiſes étrangeres , Tabacs , ni de faux Sel , aux peines y portées : Et permet aux Officiers , Commis & Gardes des Gabelles & Cinq groſſes Fermes , de foüiller dans leurs équipages , &c.

Du 16. *Septembre* 1692.

Arrêt Contradictoire du Conſeil , par lequel Sa Majeſté fait main-levée à la Damoiſelle Burſault , des coffres & effets appartenans à la feuë Damoiſelle Baronne de Beſſola ; lui permet de les faire emporter , ſuivant les Ordres qu'elle en a reçus , en payant à Me. Pierre Pointeau la ſomme de cinq mille neuf cens livres , pour les droits de ſortie , des Pierreries & Ouvrages d'or & d'argent , ſur le pied de l'évaluation qui en a été faite : Ordonne que leſdits coffres & effets ſeront marqués & plombés en la maniere accoutumée ; Défend aux Gardes & Commis des Bureaux de les ouvrir , ni d'exiger aucuns Droits , &c.

Du 16. *Septembre* 1692.

*   Arrêt du Conſeil , qui ordonne que la Declaration du Roi du 29. Mai 1685. ſera executée;& que le nommé Guernier , Portier de la maiſon de la Dame d'Eſpernon , ſera tenu de conſigner ès mains de Maître Pierre Pointeau , la ſomme de cent livres , à laquelle il a été condamné , par la Sentence des Elûs de Paris du 9. Juin dernier , pour la confiſcation du Vin ſaiſi ſur lui , ſans préjudice du Droit des Parties au principal , que Sa Majeſté a évoqué à ſon Conſeil , & ſans s'arrêter à l'Arrêt de la Cour des Aydes y énoncé , &c.

Du 16. *Septembre* 1692.

Arrêt du Conſeil , qui ordonne , avant faire droit ſur la Requête de Maître Pierre Pointeau , concernant une ſaiſie de

fix tonneaux de Sucre entrés en fraude au Village de Ro-
checourt , faite par le Commis du Bureau d'Arlon , fur le
nommé Joüanne, qu'elle lui fera communiquée , pour y
fournir de réponfe : Et que le fieur Mathieu , Commiffaire
départi au Duché de Luxembourg & Comté de Chiny , envoyera les motifs de fon Ordonnance du 7. Decembre dernier , pour iceux vûs, & la réponfe dudit Jouanne, être fait
droit ainfi qu'il appartiendra.

Du 17. Septembre 1692.

* Declaration du Roy , portant Tarif des droits du Domaine & Barrage qui fe levent dans la Ville & Fauxbourgs
de Paris.

Du 23. Septembre 1692.

* Arrêt du Confeil, portant Reglement pour la Regie &
perception des Droits de Poids-le-Roy, dans la Ville ,
Fauxbourgs & Banlieuë de Paris.

Du 23. Septembre 1692.

* Arrêt du Confeil , portant Reglement general pour les
fonctions & droits des Courtiers & Commiffionnaires des
Vins, Cidres & Eaux-de-Vie , & Liqueurs , créés par Edit
du mois de Juin 1691. & renvoi des conteftations qui fur-
viendront pour raifon d'iceux pardevant les Officiers des
Elections , & dans les Provinces où il n'y en a point , pardevant les Juges Royaux , & par appel aux Cours des
Aydes.

Du 30. Septembre 1692.

Arrêt du Confeil , qui ordonne , fans s'arrêter aux oppofitions des habitans des Paroiffes de Buffieres , Bellemont &
Rigny en Champagne, qu'outre le prix du Sel, fixé par l'Arrêt du Confeil du 21. Fevrier 1682. ils payeront les Cruës de
trois liv. par chacun Minot de Sel , ordonnées être levées
par les Declarations de l'année 1689. & autres depuis in-
tervenuës, qui feront executées felon leur forme & teneur.

SUITE DE LA TABLE

DES ARRESTS DU CONSEIL,

Concernant les Fermes Royales Unies, Comprises au Bail fait sous le nom de Maiſtre Pierre Pointeau, donnez pendant les mois d'Octobre, Novembre & Decembre 1692.

Du onziéme Octobre 1692.

ARREST du Conſeil, Qui décharge Maiſtre Pierre Pointeau, de l'Aſſignation à luy donnée en la Cour des Aydes de Montpellier, à la Requeſte des nommez Dormeſſon & Bourbon : Et ordonne que les Baux à eux faits ſous les noms de Berault, Montanier, & celuy fait au nommé Jacob, des Sous-Fermes des Droits & Faculté de vendre le Tabac en Poudre, dans les Dioceſes de Montpellier, Bezieres, Narbonne, Niſmes, Allez, Uſez & autres demeureront nuls ; Et qu'il ſera procedé à nouvelle Publication deſdites Sous-Fermes, au Bureau General des Fermes-Unies à Paris, &c.

Du quatorze Octobre 1692.

Arreſt contradictoire du Conſeil d'Eſtat, Concernant les Droits des Sels trouvez dans un Vaiſſeau pris en Mer par des Armateurs, entrez au Port de Dieppe, Qui ordonne avant faire droit ſur les Requeſtes de Mᵉ Pierre Domergue ; & des Marchands, Habitans & Intereſſez aux Peſches de ladite Ville, que le Sieur de la Berchere, Commiſſaire départy en la Generalité de Roüen, entendra les Parties, dreſſera ſon

Procès verbal de leurs dires & contestations, & envoyera son avis ; Pour le tout vû & rapporté au Conseil , leur estre fait droit , ainsi qu'il appartiendra.

Du vingt-un Octobre 1691.

Arrest du Conseil, Qui évoque le Procés pendant en l'Election de Vire & Condé , Entre Mᵉ Pierre Pointeau, Fermier des Gabelles de France ; & les nommez Foucher, Bodé, le Monier, & le Bailly , accusez de Faux-Saunage , & iceluy renvoyé en l'Election de Caën, & par appel en la Cour des Aydes de Roüen , &c.

Du vingt huit Octobre 1691.

Arrest du Conseil, Qui ordonne que la Levée & Perception des Droits d'Entrée & de Gros, sera faite & continuée par Mᵉ Pierre Pointeau, sur tous les Raisins qui entreront en la Ville & Fauxbourgs de Paris , par Sommes de Chevaux & dans les Charrettes & Bâteaux , sur le pied de deux Muids de Vin, pour trois Muids de Raisins ou de Vendanges , &c.

Du vingt-huit Octobre 1691.

Arrest du Conseil , Qui ordonne, que tous les Beures des Païs Etrangers , qui seront apportez en France , sans exception, payeront Six livres du Cent pesant , à toutes les Entrées du Royaume , &c.

Du ving-huit Octobre 1691.

Arrest du Conseil d'Estat du Roy, Portant que les Laines d'Espagne , destinées pour les Provinces de l'étenduë des Cinq grosses Fermes, venant par Terre de Bayonne ou par Bordeaux , durant l'année prochaine 1693. ne payeront pour tous droits d'Entrées , que ceux portez par le Tarif du dix-huit Septembre 1664. de même que si elles estoient venuës par Roüen, ou autres Ports, &c.

Du vingt-huit Octobre 1692.

Arreſt du Conſeil, Qui ordonne, ſans avoir égard aux Adjudications faites des Regrats des Chambres à Sel de Toulouſe, Caſtres & Caſtelnaudary, de Carcaſſonne & Mirepoix,
les ſeize & dix-huit Juin dernier, ny aux défenſes faites par
la Cour des Comptes, Aydes & Finances de Montpellier, des
quatre & dix Octobre ſuivant, Que les Offres & Encheres qui
ont eſté faites ſur celles de Caſtres & Carcaſſonne ſeront
recûës par Maiſtre Pierre Pointeau, & que ſur icelles, & celles faites ſur les autres Chambres, & ſur les Traites & le
Tirage des Sels de la Province de Languedoc, il ſera procedé
à nouvelle Publication, & les Adjudications faites en la maniere accoûtumée, &c.

Du trois Novembre 1692.

Arreſt du Conſeil d'Eſtat du Roy, Portant qu'il ſera conſ-
truit deux Magaſins pour les Vivres de la Marine au Port de
Breſt, proche de ceux qui ſont conſtruits au lieu appellé Re-
couvrance : Et à cét effet qui ſera fait un Devis des Ouvrages, & ſur iceluy Bail au rabais ; & que les deniers neceſſaires
pour ladite conſtruction, ſeront avancez par Maiſtre Pierre
Domergue, Munitionaire, ſur les Ordonnances des Intendans de la Marine, dont il ſera rembourſé, &c.

Du huitiéme Novembre 1692.

Arreſt du Conſeil d'Eſtat du Roy, Qui permet le Tranſit
des Toiles, Chapeaux de Caſtors, & des Dentelles de Soyes
par Terre pour Marſeille, juſques au premier May 1693. en
faiſant déclaration au premier Bureau de la Route, de la quantité & qualité d'icelles, ſans payer autres droits que ceux
qu'ils auroient payé, pour leur ſortie par Mer hors du Royaume, &c.

Du onze Novembre 1692.

Arreſt du Conſeil, Qui ordonne avant faire droit ſur la

Requeste de Me Pierre Pointeau ; concernant l'execution d'une Sentence de Juge des Traites de Verdun , portant confiscation de trois Tonneaux de Sucre , d'un Paquet de Baleine, & d'un Baston de Tabac, qu'elle sera communiquée au nommé Nicolas Barbanson , Marchand demeurant à Longbouy ; & que le Procureur General du Parlement de Metz , envoyera les Motifs de l'Arrest rendu en iceluy le onze Juillet dernier ; Pour le tout vû & rapporté , estre fait droit ainsi qu'il appartiendra.

Du vingt-deux Novembre 1692.

Arrest du Conseil d'Estat du Roy , Qui ordonne que les Scellez apposez en la Maison, & sur les Effets de la Dame Maralde , seront levez ; & que les Castors en Peaux & Poil fabriquez ou non , qui se trouveront chez elle seront Inventoriez & remis aux Cautions de Domergue & Pointeau ; Et leur permet, s'il s'en trouve ailleurs , de les revendiquer , &c.

Du vingt-deux Novembre 1692.

Arrest contradictoire du Conseil d'Estat du Roy , Qui ordonne que l'Arrest du vingt-neuf Avril dernier sera executé; Ce faisant que les Armoisins , Gases & autres Marchandises , composées en tout ou par moitié de Soye cruë & cuitte ; ensemble celles meslées de soye , Or ou Argent , avec Cotonis, de fabrique des Indes , qui seront apportées desdits Lieux, sur les Vaisseaux de la Compagnie des Indes, & venduës par les Directeurs d'icelle , payeront pour tous droits d'Entrées, trois pour Cent de leur valeur , &c.

Du vingt-cinq Novembre 1692.

Arrest contradictoire du Conseil d'Estat du Roy , Qui ordonne que les Multiers de la Province de Languedoc , continuëront à Vendre & Débiter à Minot, demy-Minot & quart de Minot , le Sel qu'ils auront levé aux Greniers & Chambres dépendantes de la Ferme des Gabelles de Languedoc , ainsi qu'ils faisoient avant l'Article C L X I I I. du

Bail fait à M.e Pierre Domergue , le vingt-huit Mars 1 68 7.
auquel Sa Majesté a dérogé pour ce regard seulement ; Et
que M.e Pierre Pointeau , ne pourra établir des Revendeurs
de Sel à petites Mesures , que dans les lieux où il aura remboursé les Regratiers en Titre d'Office , &c.

Du vingt-sept Novembre 1692.

Arrest du Conseil d'Estat , Qui ordonne , que les Baux faits
à Georges Soulegeon & Joseph Montreüil , des Droits de
Marque de Chapeaux dans les Provinces de Lyonnois , Fo-
rests, Beaujolois, Dauphiné , Montpellier, Bordeaux, Bearn ,
Toulouse & Montauban , demeureront nuls & resolus , à
commencer au premier Janvier prochain , & le prix d'iceux
de la presente année 1692. payé conformement ausdits Baux:
Et quant aux cinq années restantes d'iceux , que l'Enchere
faite par le nommé André le Bret sera reçûë , & que Maître
Pierre Pointeau luy passera Bail dudit Droit , dans lesdites
Generalitez , pour lesdites cinq années , moyennant la somme de Quarante-cinq mil livres pour chacune d'icelles, Sans
que ledit Soulegeon & Montreüil puissent rien prétendre
pour leur éviction , dédommagement ou autrement , &c.

Du deuxiéme Decembre 1692.

Arrest du Conseil d'Estat du Roy , Qui ordonne que le
Sieur de Magy & ses Associez au Commerce de Draps Lon-
dres , joüiront de l'Effet de l'Arrest du 19. Octobre 1688. en
faveur de feu Noël de Varennes , tant pour raison du Prest
de Trente mil livres , que la Province de Languedoc doit
faire , que des autres avantages y portez : Et leur permet de
faire passer de Marseille par Transit au travers du Royaume du costé de la Suisse & haute Allemagne , les Marchandises mentionnées en l'Etat arresté le vingt-six Octobre 1680.
aux conditions portées par l'Arrest du Conseil du même jour,
à la reserve de la cire jaune , des Cuirs en Poil , des Laines
serges & levées , de la Couperose & Garance , de l'Indigo,
du Tabac & des Toilles d'Allemagne , &c.

Du deuxiéme Decembre 1692.

Arreſt du Conſeil, Qui Ordonne que la Ville de Bour-guaneuf & les Paroiſſes dépendantes de l'Election d'icelle, ſeront reputées Païs étrangers de la Province de Poitou, & des autres Provinces des Cinq Groſſes Fermes; Que toutes les Marchandiſes qui ſeront tranſportées de ladite Ville & Election, dans leſdites Provinces, & d'icelles dans ladite Ville & Election, ſeront ſujettes aux Droits de Sortie & d'Entrée, à compter du jour de la Publication du preſent Arreſt; Et que le Bureau étably en ladite Ville ſera levé & ôté, &c.

Du vingt Decembre 1692.

Arreſt du Conſeil, Qui Ordonne que dans la quinzaine les Fermiers, Sous-Fermiers & Arrieres-Fermiers des Greffes dont les Baux ſont expirez, ſeront tenus de remettre dans les Dépoſts des Greffes des Cours & Juriſdictions, chacun à leur égard, tous les Plumitifs, Regiſtres, Minutes des Arreſts, Sentences, Jugemens, Decrets & tous autres Actes intervenus pendant le temps de leurs Baux; enſemble ceux des Baux précedens, dont ils ont eſté chargez; Et faute de ce, ils y ſeront contraints, &c.

Du vingt-ſept Decembre 1692.

Arreſt du Conſeil, Qui Ordonne que la ſomme de Cent quinze mil ſix cens vingt-cinq livres, employée dans l'Etat des Fermes-Unies, de la preſente année 1692. ſera payée par M Pierre Pointeau, Sçavoir, Trente-un mil cinq cens trente-huit livres deux ſols onze deniers, aux Officiers men-tionnez en l'Etat arreſté ce jourd'huy au Conſeil, & le ſur-plus montant à Quatre-vingt-quatre mil quatre-vingt-ſix li-vres dix-ſept ſols un denier, à Maître Imbert Mazel, con-formément au Reſultat du Conſeil du vingt neuf May 1691. & à l'Arreſt du quinze Janvier dernier, &c.

Du trente Decembre 1692.

Arrest contradictoire du Conseil, sur la Requeste de Mes Pierre Domergue & Pierre Pointeau, Fermiers des Fermes-Unies, Concernant les Droits de la Traite Domaniale sur les Toiles, Sortant de la Ville d'Auxonne ; Qui évoque l'Instance introduite au Parlement de Dijon, par Jean Huot l'aîné Maistre Tisserant de ladite Ville, & les Maire & Echevins, & Habitans d'icelle : Et Ordonne que les Parties procederont audit Conseil, &c.

Du trente Decembre 1692.

Arrest du Conseil, Qui Ordonne que par le Sénéchal de Brest, il sera informé contre les nommez Deluc, Deschamps & Bacquet, des abus & malversations par eux commis aux Vivres de la Marine ; Pour l'Information envoyée, vûë & rapportée au Conseil estre ordonné ce que de raison : Et que ledit Deluc, demeurera Prisonnier au Port-Levesque où il est détenu, & sera interrogé, &c.

SUITE DE LA TABLE
DES DECLARATION DU ROY,
ARRESTS ET REGLEMENS,

Concernans les Fermes Royales unies, comprises au Bail fait sous le Nom de Me Pierre Pointeau, donnez pendant les mois de Janvier, Février & Mars 1693.

Du troisiéme Janvier 1693.

A RREST du Conseil d'Etat du Roy, Portant Deffenses à toutes personnes, de transporter aucunes Eau-de-vie, hors du Royaume, pendant la presente année seulement, à peine de trois mil livres d'amende, & de confiscation, &c.

Du dixiéme Janvier 1693.

Arrest du Conseil, Qui Ordonne que la Requeste de Maistre Pierre Pointeau, sera communiquée aux Religieux Minimes de la Ville de Nantes, pour y fournir de réponse : & cependant a surcis & surçoit l'execution de la sentence du Juge des Traittes de ladite Ville, du quinze Decembre dernier, qui ordonne par provision que les Commis du Suppliant délivreront leurs congez ausdits Minimes, pour l'exemption des droits sur leurs Denrées & Marchandises, à la charge par eux de retenir les droits de sortie, comme dépositaire, &c.

Du quatorze Janvier 1693.

Declaration du Roy, Portant Reglement pour les instructions en faux, contre les Procès verbaux des Commis aux Aydes de la Province de Normandie.

Du vingt Janvier 1693.

Arreſt du Conſeil, qui ordonne que la Declaration du Roy, du deuxiéme Janvier 1692. ſera executée ; & ſuivant icelle qu'il ſera délivré à chacun des Sieurs du Chapitre de Bayeux une demie ruche de Sel par chacun an : Et que pour regler le nombre des Membres dudit Chapitre, ils ſeront tenus de repreſenter les titres de leur Conceſſion au Sieur Foucault, Intendant à Caën, & leur fait deffenſes de faire aucunes pourſuites à la Cour des Aydes, &c.

Du vingt Janvier 1693.

Arreſt du Conſeil, qui ordonne, que Meſſieurs Chauvelin & de la Berchere, Intendans à Amiens & à Roüen, dreſſeront leurs Procès verbaux chacun en droit ſoi des conteſtations des parties, au ſujet du prix du Sel de privileges que les Habitans du Bourg d'Ault doivent payer au Grenier & pour le prix du Sel de Franchiſe & de la Peſche, que ceux de Feſcamp. S. Valeri, Harfleur, Eu & Treſport, & S. Vallery ſur Somme doivent payer, pour ſur iceux & leurs avis, eſtre ordonné ce qu'il oppartiendra.

Du vingt Janvier 1693.

Arrreſt du Conſeil, qui ordonne que les Charges & informations faites par les Officiers de l'élection de Paris, & par le Prevoſt de Corbeil, contre pluſieurs Habitans dudit Corbeil, qui ont excedé les Commis des Aydes dudit lieu, ſeront envoyées au Greffe du Conſeil ; & que l'inſtruction du Procés ſera continué par les Officiers de ladite Election de Paris ; & fait deffenſes de mettre à execution les ſentences & decret contre leſdits Commis, & de les troubler en l'exercice de leurs Emplois.

Du vingt quatre Janvier 1693.

Arreſt du Conſeil, qui ordonne, que Maiſtre Pierre Pointeau rembourſera à Maiſtre Pierre Domergue la ſomme de onze mille six cens soixante-six livres deux sols, à laquelle monte la Finance des droits de reserve, transport & haut-passage, aux Baillages de Dijon & Chastillon ; de laquelle somme il sera remboursé par le Fermier qui lui succedera, &c.

Du vingt-quatre Janvier 1693.

Arrest du Conseil, qui ordonne, que les Sieurs Intendans & Commissaires départis dans les Provinces & Generalitez du Royaume, continuëront pendant un an, à connoistre de toutes les difficultez qui pourront naistre entre les Ouvriers Chapeliers, & les Commis préposez pour l'apposition de la marque, & pour la perception du droit sur les Chapeaux, &c.

Du vingt-quatre Janvier 1693.

Arrest du Conseil, qui choisit & nomme le Sieur Chevalier, Receveur General des Finances de Metz, pour remplir la place du Sieur Laugeois, & avoir le mesme interest qu'il avoit dans le bail & Societé des Fermes unies, à commencer du premier Octobre 1691. &c.

Du vingt-sept Janvier 1693.

Arrest du Conseil, qui ordonne, que Maistre Pierre Pointeau remboursera à Maistre Pierre Domergue, la somme de quarante mille huit cens six livres deux sols six deniers, à laquelle le Sieur de Bourges a arresté les ouvrages faits à l'Hostel des Fermes à Versailles, en remettant par ledit Domergue, les memoires, quittances d'ouvriers, & Procès verbaux és mains de Mousle Notaire qui les gardera : & que ledit Pointeau sera remboursé de ladite somme, par le Fermier qui lui succedera, &c.

Du vingt-sept Janvier 1693.

Arrest du Conseil, qui ordonne, avant faire droit sur la Requeste de Maistre Pierre Pointeau, contre plusieurs Habitans du Fauxbourg S. Antoine, pour le droit d'Entrée des vins de leur crû qu'ils vendent en gros , qu'elle leur sera communiquée, pour eux oüis ou leur reponse veüë , estre ordonné ce qu'il appartiendra.

Du septiéme Février 1693.

Arrest du Conseil , qui évoque à soi les procedures faites en la Cour des Aydes, à la Requeste du Fermier des regrats de la Generalité d'Amiens concernant la prise à Partie intentée à ladite Cour des Aydes, contre les Officiers & le Commis du Grenier à Sel de Grandvilliers ; Fait deffenses d'y faire aucunes poursuites ni ailleurs , jusqu'à ce qu'autrement par Sa Majesté en ait esté ordonné , à peine de nullité , &c.

Du dixiéme Février 1693.

Arrest du Conseil , qui ordonne avant faire droit sur la Requeste de Maistre Pierre Pointeau , que le Procureur General au Parlement de Dijon , envoyera au Conseil les motifs des Arrests dudit Parlement , des vingt trois Février , quinze Mars, trente Avril , huit & quatorze Aoust derniers , rendus en faveur de cinq faux-sauniers chargez de quarante pains de sel blanc , qu'ils ont portez dans le Duché de Bourgogne , pour sur le tout estre fait droit ainsi qu'il appartiendra.

Du dix-sept Février 1693.

Arrest du Conseil , qui Ordonne conformément , aux Lettres Patentes du neuf Juillet 1652. & Arrest du Conseil du dix-huit May 1683. que les Peres Jesuites de la Ville de Grenoble , seront payez annuellement par Maistre Pierre Pointeau , & par ceux qui lui succederont en la Ferme des Gabelles , sans diminution du prix de leurs baux , de la somme de douze cens livres , pour les six deniers à eux accordez sur chacun minot de sel vendu & débité dans les Greniers à Sel de la Province de Dauphiné , &c.

Du vingt-quatre Février 1693.

Arrest du Conseil , qui declare dix-huit poinçons de vin ,

TABLE.

énoncez dans la Declaration du nommé Defmahis, Portier du Palais Brion, acquis & confifquez au profit de Maiftre Pierre Pointeau, tant fur ledit Defmahis que fur le fieur de Bouticourt, Concierge du Palais Royal, qui feront tenus de les reprefenter, ou de payer la fomme de quinze cens livres : & pour la fraude par eux commife dans la vente de leurs vins, au préjudice de l'Ordonnance, & de l'Arreft du Confeil du huit May 1691. Sa Majefté les a condamnez en cent livres d'amende, avec deffenfes de récidiver, &c.

Du vingt-quatre Février 1693.

Arreft du Confeil, qui ordonne que l'information commencée par le fieur de Montuchon, pour raifon des marchandifes étrangeres qui ont efté déchargées en fraude, fur les coftes de la Hogue, fera continuée, & le procès fait aux Coupables & complices, & enfuite jugé en dernier reffort, par le fieur Foucault, Commiffaire départi en la Generalité de Caën, en tel Prefidial de ladite Generalité qu'il voudra choifir, &c.

Du trois Mars 1693.

Arreft du Confeil, qui Ordonne, que l'Ordonnonce du Sieur de Creil, Intendant en la Generalité d'Orleans, du dix-fept Janvier, fera executée par provifion, fauf l'appel d'icelle au Confeil : & en confequence décharge les Officiers de l'election & Grenier à Sel de Chafteaudun, de l'affignation à eux donnée en la Cour des Aydes de Paris, à la Requefte de Jean-Baptifte Roffard, Grenetier ; & conformement à ladite Ordonnance, qu'il remettra fes clefs dudit Grenier aux autres Officiers, en leur payant par lui quatre livres par Chambres en dépendantes.

Du trois Mars 1693.

Arreft du Confeil, qui permet à Maiftre Pierre Pointeau, de faire conftruire des Barrieres, dans la ruë S. Victor ; l'une au-deffus de la porte de la Maifon de la Dame Valot, allant à l'encognure de celle du Sieur Deligniere ; l'autre dans la ruë Sentiere ; à la charge de les faire ouvrir aux heures portées par les reglemens, &c.

Du treize Mars 1693.

Arreſt du Conſeil Privé , qui ordonne , que le nommé Poiret & ſa femme , & le nommé Farci , fraudeurs des droits des Fermes en Bugey , ſeront aſſignez au Conſeil , pour eſtre reglez de Juges : & que les charges & informations faites devant les Juges des Fermes de Lyon , & ceux de Bugey , Belley & Mirabel , ſeront apportez au Greffe dudit Conſeil , &c.

Du dix-ſept Mars 1693.

Arreſt du Conſeil d'Eſtat du Roy , portant que la ſomme de douze cens vingt mille livres ſera tenue en ſurſeance, par Maiſtre Pierre Pointeau , Fermier Generales des Fermes Royales Unies ; aux Sous-Fermiers des Aydes , Papiers & Parchemins Timbrez , Jauges & Courtages , des Generalitez & Elections y ſpecifiées , & reparties ſur les mois de Janvier , Février , Mars , Juillet , Aouſt & Septembre de la preſente année , &c.

Du dix-ſept Mars 1693.

Arreſt du Conſeil d'Etat du Roy , portant qu'il ſera levé huit livres , pour chacune livre peſant de peaux , de Caſtors , y compris les robes & Morceaux ; & quinze livres ; ſur chaque livre peſant de poil de Caſtor , entrant dans le Royaume , par les Bureaux de Roüen , Dieppe , le Havre & la Rochelle , outre les droits du Tarif de 1664. à commencer du premier jour de May prochain : Que celles qui ſeront trouvées entrans par d'autres lieux que par leſdits Bureaux , ſeront confiſquez ; & que leſdits droits ſeront levez ſur leſdits Caſtors en peau & en poil provenant des priſes faites ſur les Ennemis , &c.

Du dix-ſept Mars 1693.

Arreſt du Conſeil d'Eſtat du Roy , qui ordonne que les Toiles de lin & Chanvre de toutes ſortes ; les Futaine , Bazins & Bombazins fabriquez en Flandres , & dans les lieux des Païs con-

quis , cedez & réünis , feront marquez à l'avenir fur les Mef-
tiers , au Chef , par les Commis qui feront à ce prépofez , des
marques qui leur feront ordonnées , pour chacun des lieux des
fabriques ; & qu'ils écriront fur un carton qui fera engagé entre
les plombs , le jour & l'année , &c.

Du dix-fept Mars 1693.

Arreft du Confeil d'Eftat du Roy , qui ordonne que les laines
étrangeres , declarées pour les provinces de l'étenduë des cinq
groffes Fermes , venant de Marfeille par Terre ou par le Rofne ,
durant l'année 1693. ne payeront pour tous droits d'entrée , que
ceux portez par le Tarif de la Doüane de Lyon , à la charge par
les Marchands & Voituriers de faire leurs foumiffions , &c.

Du dix-fept Mars 1693.

Arreft du Confeil , qui ordonne que Maiftre Pierre Domergue,
Munitionnaire General des armées Navales de Sa Majefté , re-
prefentera pardevant les Sieurs Intendrns de la Marine , dans les
Ports de Ponant & de Levant , les Eftats certifiez du Prix coûtant
des vivres par lui fournis pour l'armement de l'année 1692. & de
ceux qui feront fournis pendant la prefente année 1693. pour fur
les pieces juftificatives d'iceux , verifiez par lefdits Sieurs Intendans , & rapportées à Monfeigneur de Pontchartrain , eftre à
fon Rapport pourvû audit Domergue, ainfi qu'il appartiendra.

Du dix-fept Mars 1693.

Arreft du Confeil , qui choifit & nomme le fieur Parent , pour
remplir la place du feu Sieur Dumas , & avoir le mefme intereft
qu'il avoit dans les Fermes Generales Unies , & dans le traité des
vivres de la Marine , à commencer du premier Octobre 1691.

Du dix-fept Mars 1693.

Arreft du Confeil , qui ordonne que le bail fait par Maiftre
Pierre Pointeau , à Thomas Lefray , le trentiéme Aouft dernier,

---

A PARIS, Chez la veuve SAUGRAIN & PIERRE PRAULT, à l'entrée du Quay de Gévres, au Paradis. 1722.

SUITE DE LA TABLE

DES ARRESTS ET REGLEMENS CONCERNANS les Fermes Royales Unies, comprises au Bail fait sous le nom de Maistre Pierre Pointeau, donnez pendant les mois d'Avril, May & Juin 1693.

Du septiéme Avril 1693.

ARREST du Conseil d'Estat qui ordonne que l'Arrest du trois Avril 1692. sera executé ; Et fait deffenses aux Officiers des Greniers à Sel de la Ferme generale des Gabelles de moderer l'amende de deux cens livres portée par l'Article XVI. du Titre XVII. de l'Ordonnance des Gabelles, à peine d'interdiction & d'estre contraints au payement de cinq cens livres portées par ledit Arrest pour chacune contravention ; & que ledit Arrest sera enregistré aux Greffes des Elections & Greniers à Sel de ladite Ferme, &c.

Du septiéme Avril 1693.

* Arrest du Conseil qui fait deffenses aux Habitans des Paroisses sujettes à l'Impost du Sel de faire aucun Commerce ni Revente du Sel de leur Impost, & même d'en transporter hors d'icelles, sans permission du Commis de l'Adjudicataire ; lequel Impost sera declaré faux Sel à la Revente & Transport d'iceluy hors desdites Paroisses, &c.

Du septiéme Avril 1693.

Arrest du Conseil qui ordonne qu'en attendant le Jugement de l'appel des Sentences des Elûs de Paris des 8. Juillet 1689. & 27. Janvier dernier, interjetté par les Habitans de la Ville de Corbeil, concernant le payement des droits de Gros des Vins manquans des Inventaires, & sans préjudice du droit des Parties au principal, lesdites Sentences seront executées par provision nonobstant oppositions & autres empêchemens.

Du septiéme Avril 1693.

Arreſt du Conſeil qui ordonne qu'en attendant le Jugement de l'appel de la Sentence des Elûs de Paris, du 22. Janvier dernier, qui reſilie en faveur de Mᵉ Pierre Pointeau les Abonnemens faits par le Fermier precedent avec les Cabaretiers de la Ville de Corbeil pour les Vins & Boiſſons qu'ils vendent en détail, que ladite Sentence ſera executée par proviſion, &c.

Du ſeptiéme Avril 1693.

Arreſt du Conſeil qui ordonne avant faire droit ſur la Requeſte de Mᵉ Pierre Pointeau, tendante à ce que la Sentence du Juge des Fermes, du 14. Juillet dernier ſoit executée, renduë contre les nommez Pierre & Louis Ponſonnet pere & fils du lieu de S. Porquier, Récidiveurs en fraude de Tabac ; que le Procureur General en la Cour des Aydes de Montpellier, envoyera au Conſeil les motifs des Arreſts de ladite Cour des 16. Septembre & premier Octobre derniers, pour iceux vûs eſtre fait droit ainſi qu'il appartiendra.

Du quatorze Avril 1693.

* Arreſt du Conſeil d'Eſtat du Roy, qui permet le Tranſit des Toilles, des Chapeaux de Caſtors & des Dentelles de Soyes par terre pour Marſeille juſqu'au premier May 1694. en faiſant declaration au premier Bureau de la Route de la quantité & qualité d'icelles, ſans payer autres droits que ceux qu'ils auroient payez pour leur Sortie par mer hors du Royaume, &c.

Du quatorze Avril 1693.

* Arreſt contradictoire du Conſeil, qui ordonne que le nommé Amieux Marchand de Toulouſe, payera les droits de la Comptablie de Bordeaux pour les Marchandiſes par luy achetées à Nantes de la Compagnie des Indes Orientales & declarées pour Toulouſe, ſans préjudice de l'execution de l'Article XLIV. de l'Edit du mois d'Aouſt 1664. d'établiſſement de ladite Compagnie pour les Marchandiſes venant des Indes qui feront déchargées dans les Ports du Royaume & tranſportées aux Païs Etrangers, leſquelles feront exemptes de tous Droits.

Du vingt-un Avril 1693.

Arreſt du Conſeil, qui commet le Sieur de Miromenil Commiſſaire départi en la Generalité de Tours, pour faire le procés aux nommez Tachey & Rolland Voituriers & autres Complices accuſez de
Faux-Saunage, avec pouvoir de ſe faire remettre les Informations
& Procedures criminelles encommencées par les Officiers de l'Election & Grenier à Sel de Tours, & de ſubdeleguer tel Officier que
bon luy ſemblera pour continuer leſdites Informations, pour eſtre
enſuite le procés par luy jugé en dernier reſſort avec les Officiers de
tel Preſidial de ladite Generalité qu'il voudra choiſir.

Du vingt-un Avril 1693.

Arreſt contradictoire du Conſeil, qui ordonne que ſur la ſomme
de 7720 liv. que le Syndic des Eſtats du Mâconnois doit payer par
chacun an, conformément à l'Arreſt du Conſeil du 4. Octobre 1689.
pour les Charges locales de l'Election de Mâcon, il ſera tenu de remettre an Sieur Bichot-Morel Receveur General des Domaines
3574 liv. 18 ſ. aſſignées ſur le Peage de ladite Ville, pour eſtre par
luy diſtribuées ſuivant l'Eſtat arreſté audit Conſeil le 31. Decembre
1689. quoy faiſant ledit Syndic demeurera d'autant quitte & déchargé, & remettra le ſurplus de ladite ſomme aux Sieurs Charriere
& Pointeau chacun pour le temps de leurs Baux, &c.

Du douze May 1693.

Arreſt du Conſeil, qui revoque le privilege établi par l'Edit du
mois de Janvier 1692. pour la vente du Caffé, Thé, Sorbec, Choco-
lat, Cacao & Vanille & des Boiſſons faites deſdites Marchandiſes;
permet à tous Marchands & Negocians d'en faire commerce, & regle
les droits qui ſeront payez aux Entrées du Royaume pour chacune livre peſant d'icelles, & fait deffenſes de faire entrer ledit Caffé que
par la Ville de Marſeille, &c.

Du ſeize May 1693.

* **Arreſt** du Conſeil, qui réduit & modere à ſix deniers le droit
de Controlle des Obligations qui ſeront paſſées pardevant Notaires,
pour preſt de Sel fait par les Commis de Mᵉ Pierre Pointeau.

Du dix-neuf May 1693.

Arreſt du Conſeil, qui ordonne que Mᵉ Pierre Pointeau Fermier General des Gabelles, ou ſon Commis au Grenier à Sel de Paris, dé-livrera à l'Hôpital General & à celuy des Enfans Trouvez pendant la preſente année, trois Muids de Sel d'augmentation outre & par-deſſus les huit Muids employez dans l'Eſtat des Francs-Salez.

Du vingt-ſix May 1693.

Arreſt contradictoire du Conſeil, qui maintient & garde les Doyen, Chanoines & Chapitre, Vicaire, Chapelains & Habituez de l'Egliſe Cathedrale de N. D. de Bayeux en la poſſeſſion d'uſer de Sel blanc pour leur proviſion, en payant le droit de Quart-Boüillon ac-coûtumé, & commuer cette faculté, du conſentement dudit Chapi-tre, au droit de prendre annuellement au Grenier à Sel de Bayeux la quantité d'un Muid de Sel gris pour leur Franc-Sallé, en payant au Commis du Fermier cent ſols pour Minot, auquel Sa Majeſté a reglé le prix du Marchand, &c.

Du vingt-ſix May 1693.

Arreſt du Conſeil, qui ordonne que le Procés commencé à la re-queſte de Maiſtre Pierre Domergue Munitionnaire General des Vivres des Armées Navales, contre les nommez Deluc, Deſchamps, Baquet, Durand & autres, ſera continué, & le Procés inſtruit, fait & parfait aux coupables, & jugé en dernier reſſort au Preſidial de Nantes par le Sieur de Nointel Commiſſaire départi pour l'execu-tion des Ordres de Sa Majeſté en Bretagne, &c.

Du trente Juin 1693.

Arreſt du Conſeil, qui ordonne avant faire droit ſur la Re-queſte de Maiſtre Pierre Pointeau, pour l'execution d'une Sen-tence des Officiers du Grenier à Sel de Seure, contre Claude Cha-lumeau Habitant dudit lieu, ſur lequel on a ſaiſi du Faux-Sel, que ladite Requeſte luy ſera communiquée pour y fournir de réponſe, & que le Procureur General au Parlement de Dijon, envoyera au Conſeil les motifs de l'Arreſt dudit Parlement du douze Decembre dernier, pour iceux vûs & la réponſe dudit Chalumeau, eſtre fait droit ainſi qu'il appartiendra.

SUITE DE LA TABLE
DES ARRESTS ET REGLEMENS,

Concernans les Fermes Royales Unies, comprifes au Bail fait fous le nom de Me Pierre Pointeau, rendus pendant les mois de Juillet, Aouft & Septembre 1693.

Du feptiéme Juillet 1693.

ARREST du Confeil d'Eftat, Qui Ordonne que dans trois mois du jour de la Signification du prefent Arreft : Les Religieufes de la Mifericorde de l'Hofpital de la Ville de Bayeux & autres Communautez d'icelle, qui pretendent avoir Privilege d'ufer du Sel blanc, raporteront au Confeil les Titres dudit Privilege, pour leur eftre pourveu par la Converfion d'iceluy en un Droit de Franc-Salé, de Sel gris s'il y efchet ; & jufques à ce fait deffenfes à Maiftre Pierre Pointeau & fes Commis, de leur délivrer aucuns Paffavans pour prendre dudit Sel blanc, &c.

Du feptiéme Juillet 1693.

Arreft du Confeil, Qui Décharge Me Pierre Pointeau de la Demande à luy faite par Loüis Jamet, Sous-Fermier des Aydes de Berry & Bourbonnois, Pour intervenir en un Inftance qu'il a en la Cour des Aydes, Concernant le Droit de Treiziéme de la Ville de Bourges : Et fait Deffenfes audit Jamet de faire pour raifon de ce, aucunes Pourfuittes ny Procedures ailleurs qu'au Confeil, à peine, &c.

Du vingt-un Juillet 1693.

Arreft Contradictoire du Confeil d'Eftat, Qui Ordonne, fans avoir égard à la Requefte de la Veuve, Enfans & Heritiers du feu Sieur Dumas, que l'Arrest dudit Conseil du dix-sept Mars qui nomme le Sieur Parent au lieu & place dudit feu Sieur Dumas ; ensemble la Deliberation des Sieurs Interessez aux Fermes Generales Unies, du vingt-six Juin dernier, seront executez selon leur forme & teneur.

Du vingt-cinq Juillet 1 6 9 3.

Arrest du Conseil, Qui Déclare le Sous-Fermier des Aydes de la Generalité d'Amiens, & les Cautions, Déchus de la Surceance de la Somme de Quatre-vingt mil livres à eux accordez par l'Arrest du dix-sept Mars dernier : Ordonne qu'ils payeront le prix entier de leur Bail, jusqu'au premier Octobre de la presente année ; Et Permet à Maistre Pierre Pointeau, de Saisir les Deniers receus & à recevoir par les Receveurs & Commis Establis à la Regie de ladite Sous-Ferme, & autres, &c.

Du quatriéme Aoust 1 6 9 3.

* Arrest du Conseil, Qui Ordonne, en Interpretant la Declaration du Roy, du trois Fevrier 1685. Concernant le Payement du Droit de Marque sur la Vaisselle d'Or & d'Argent, Que les Orfévres seront tenus lors de l'Enregistrement, tant de la Vaisselle qu'ils achepteront, que de celle qui leur sera portée pour racommoder, ou donnée en nantissement, de faire mention des noms, qualitez & demeures de ceux à qui elle appartiendra ; Et Permet au Fermier de faire preuve du contraire, &c.

Du huitiéme Aoust 1 6 9 3.

Arrest du Conseil, Qui Ordonne, qu'il sera Délivré à Didier Perrin, Sergent au Grenier à Sel de Langres, de la Création de Decembre 1581. demy Minot de Sel par an pour son Franc-Salé, & qu'à cét effet il sera employé dans les Estats de Franc-Salé des Officiers qui seront arrestez à l'avenir.

Du dix-huit Aoust 1 6 9 3.

Arrest Contradictoire du Conseil d'Estat du Roy, Qui Or-

donne que le Droit de Péage qui eſt deû au S°eurs Delpech ;
Econome des Biens & Revenus de la Maiſon & Communauté
de S. Loüis (à laquelle la Menſe Abbatiale de S. Denis à eſté
Réünie) & aux Religieux de S Denis , pour les Sels de Mo-
luë qui ont paſſé & paſſeront vis-à-vis l'Iſle de S. Denis, leur
ſera payé en Argent à raiſon de Quinze livres le Minot : Sans
préjudice du Droit de Péage en Eſſence ſur tous les Sels de
Gabelle, en la Perception & joüiſſance deſquelt Sa Majeſté
les à maintenus & confirmez , &c.

Du dix-huit Aouſt 1693.

Arreſt du Conſeil, Qui Regle & Marque les Routes, Chemins & Paſſages que les Voituriers des Sels du bas Languedoc doivent tenir : Et fait Deffenſes à l'avenir de prendre la
Route d'Alby & autres du haut Languedoc, n'y de s'ecarter
deſdites Routes, à peine d'eſtre déclarez atteins & convaincus
de Verſement de Sels, & condamnez aux Amendes & autres
peines portées par les Ordonnances.

Du dix-huit Aouſt 1693.

Arreſt du Conſeil, Portant Reglement pour le tranſport
des Vins du crû des Paroiſſes dépendantes de la Juriſdiction de
la Ville de S. Macaire : Et Ordonne que les Vins du Haut
Païs , ne pourront eſtre tranſvaſez dans des Bariques de Jauge
Bourdeloiſe, ny tranſportez dans ladite Juriſdiction, ſur les
peines y portées.

Du dix-huit Aouſt 1693.

* Arreſt du Conſeil, Qui proroge pendant l'année qui com-
mencera au premier Octobre prochain, & finira au dernier
Septembre 1694. la Décharge du Droit Annuel, des Cinq
ſols anciens & nouveaux, de la Subvention & autres accordée par l'Arreſt du Conſeil & Declaration du Roy du quatre
May 1688.

Du vingt-cinq Aouſt 1693.

Arreſt du Conſeil , Qui Ordonne que l'Article I. du Titre

XIII. de l'Ordonnance des Gabelles de 1680. fera executé : &
Que fans avoir égard à l'Ordonnance des Treforiers de France
de Grenoble du dix-neuf Janvier 1692. que Sa Majefté a caffé,
que le Sieur de Bouets fera contraint de rendre à Maiftre Pierre Pointeau, les Cinq Minos de Sel qu'il s'eft fait delivrer
en vertu d'icelle (à caufe de fon Office de Garde-des-Seaux
en la Chancellerie de Grenoble, outre les fept Minots & demy
pour lefquels il eft employé dans l'Eftat des Gabelles, à caufe
de fon Office de Confeiller au Parlement de Dauphiné) ou
d'en payer le prix, à quoy faire il fera contraint, &c.

Du vingt-cinq Aouft 1693.

Arreft du Confeil, Qui Regle à Quatre-vingt mil livres,
l'Indemnité pretenduë par Nicolas Beguin, Fermier des
Droits qui fe perçoivent aux Ifles Françoifes de l'Amerique,
à caufe de la non-joüiffance des Ifles Saint Criftophle, Marie-
galande, Saint Martin & S. Barthelemy prifes par les Ennemis, & autres pertes ; De laquelle Somme il en fera porté
par Maiftre Domergue Trente trois mil quatre cens cinquante-
fix livres ; Et le furplus par Maiftre Pierre Pointeau, montant
à Quarante fix mil cinq cens quarante-quatre livres.

Du Premier Septembre 1693

* Arreft du Confeil d'Eftat, Qui Décharge de tous Droits
de Sortie des Cinq groffes Fermes & autres, l'Indigo provenant des Collonies de l'Ifle S. Dominque & autres Lieux de
l'Amerique Occidentale, occupez par les François, qui fera
porté hors du Royaume, tant par Mer, que par Terre

Du Premier Septembre 1693

Arreft du Confeil, Qui déboute Maiftre Pierre Pointeau de
fa Requefte, contre Nicolas Boquet, Sous-Fermier des Aydes
des Elections de Langres & Chaumont ; Concernant le double Droit de Subvention en la Province de Bourgogne, Et
Ordonne que l'Arreft dudit Confeil du neuf Juin dernier fera
executé,

Du premier Septembre 1 6 9 3.

* Arrest Contradictoire du Conseil, Qui Ordonne que les Corecteur, Religieux & Convent des Minimes de la Ville de Nantes, joüiront des Exemptions de tous Droits generalement quelconques, pour les Denrées qu'ils feront venir pour leur usage & necessitez, sans en abuser.

Du cinq Septembre 1 6 9 3.

Arrest du Conseil, Qui Commet Monsieur Phelipeaux, Intendant en la Generalité de Paris, ou son Subdeleguê, pour Informer du Vol des Sels fait par les Commis & Employez, & de la prevarication des Officiers du Grenier à Sel de Montereau, en la Descente, Mesurage & Emplacement des Sels audit Grenier, & faire le Procés aux Coupables; Pour les Informations & autres Procedures faites & Raportées au Conseil, y estre pourveu, &c.

Du quinze Septembre 1 6 9 3.

Arrest du Conseil, Qui agrée & nomme le Sieur le Bel, pour remplir la place & avoir le mesme interest qu'avoit le feu Sieur Pellissier, dans les Fermes Royales Unies ; Et dans le Traité des Vivres de la Marine, &c.

Du quinze Septembre 1 6 9 3.

Arrest du Conseil, Qui Ordonne que le Jugement du Sieur Dugué de Bagnols, Commissaire Départy pour l'execution des Ordres du Roy en Flandres, du vingt-cinq Avril dernier, Concernant la Confiscation de vingt six Pieces de Toilles d'Hollande, que Jean-Baptiste du Forest avoit fait entrer en fraude, sera executé, &c.

Du quinze Septembre 1 6 9 3.

Arrest du Conseil, Qui Ordonne, que l'Arrest dudit Conseil du vingt-un Avril dernier sera executé : Et Renvoye au

Sieur de Miromenil, la Requeſte de Pierre Pointeau, & les
Groſſes des Procedures & Informations faites à ſa Requeſte,
contre les nommez Tachey & Rolland Voituriers, & autres
Complices, Acuſez de Faux-Saunage, au reſſort du Grenier
à Sel de Chinon, pour y faire Droit ainſi qu'il appartierdra,
&c,

Du quinze Septembre 1693.

Arreſt du Conſeil, Qui Ordonne avant faire Droit ſur la
Requeſte des Fermiers Generaux des Fermes, contre les Cordeliers de Bretagne, qui demandent d'eſtre maintenus en l'E-
xemption de tous Droits : Qu'elle ſera Communiquée aux
Religieux Cordeliers de Guinguand ; Et que le procureur General au Parlement de Bretagne, envoyera au Conſeil les motifs de l'Arreſt dudit Parlement du vingt-cinq Septembre 1691.
pour iceluy veu, enſemble la Réponſe deſdits Religieux, eſtre
fait Droit ainſi qu'il appartiendra.

Du quinze Septembre 1693.

Arreſt du Conſeil, Qui Ordonne avant faire Droit ſur la
Requeſte de Pierre Pointeau, Concernant une Saiſie faite par
les Gardes de la Ferme, ſur la nommée Lambermont, de
vingt-neuf Pieces de Dentelles de Flandres Eſpagnolle non
Marquées, qu'elle luy ſera Communiquée, & que le Procureur General de la Cour des Aydes, envoyera au Conſeil les
motifs de l'Arreſt du quinze Juillet dernier, pour le tout veu
eſtre Ordonné ce qu'il appartiendra.

Du ving-deux Septembre 1693.

* Arreſt du Conſeil d'Eſtat, Qui Décharge de tous Droits
les Bleds Fromens, Meteils, Seigles, Orges, Avoines & autres Grains, Qui Entreront & ſeront apportez dans le Royaume, Païs, Terres & Seigneurie de l'Obéïſſance de Sa Majeſté, tant par Mer, que par Terre, & d'une Province & Lieu
à autre, juſques au dernier jour de la preſente année,

Du vingt-neuf Septembre 1693.

Arrest du Conseil, Qui Ordonne, que par le Sieur Devaux, Receveur General des Finances de Dauphiné, en Exercice en 1692. il sera delivré des Quittances Comptables, à la Décharge de Pierre Pointeau, des Sommes de Soixante-cinq mil quatre cens cinquante livres huit deniers, d'une part, & Vingt-huit mil cent dix-neuf livres huit sols deux deniers, d'autre; Pour les Gages & Augmentations de Gages des Six derniers mois de 1692. des Officiers du Parlement & Chambre des Comptes de Grenoble , &c.

Du vingt-neuf Septembre 1693.

Arrest du Conseil, Qui Renvoye au Sieur d'Herbigny, Intendant de la Generalité de Montauban, la Requeste de Maistre Pierre Pointeau, Fermier de la Foraine de Languedoc : Contre Jean Becquet, soy disant Sindic des Marchands & Voituriers des Lieux de l'ancien Domaine de Navarre ; Concernant les Droits Forains des Bestiaux, Denrées & autres choses transportées dudit Païs, dans le Bearn ; Pour entendre les Parties, dresser Procés Verbal de leurs Contestations, & iceluy rapporté au Conseil, avec son Avis, estre Ordonné ce qu'il appartiendra.

Du vingt neuf Septembre 1693.

Arrest du Conseil, Qui Ordonne, que les Procedures Criminelles Commencées par les Officiers du Grenier à Sel de Montreau, à la Requeste du Procureur du Roy dudit Grenier, seront remises pardevers le Sieur Commissaire Deputé par l'Arrest du cinq du present mois, pour icelles estre jointes au Procés Ordonné estre fait par ledit Arrest, y avoir tel égard que de raison : Et cependant surçoiront lesdites Procedures Criminelles, & tout ce qui s'en est ensuivy.

Du vingt-deux Septembre 1693.

Arrest du Conseil, Qui Fait Deffenses aux Eleus de Dom-

8

phront, de Conoiſtré des Droits de Sortie , d'Entrée & du Quart Boüillon , circonſtances & dépendances : Et enjoint au Fermier des Fermes Unies , de continuer pardevant le Juge des Traites au Département de Domphront, les Pourſuites & Procedures commencées devant luy , pour raiſon deſdits Droits, &c.

Du vingt-neuf Septembre 1693.

Arreſt du Conſeil d'Eſtat du Roy , Qui Ordonne, qu'à commencer au premier Octobre prochain, Maiſtre Pierre Pointeau joüira des anciens Droits d'Aydes des Elections de Montargis & Pithiviers , Unis aux nouveaux Droits deſdites Elections , par Arreſt du Conſeil & Lettres patentes ſur iceluy du preſent mois, comme faiſant partie de ſon Bail : Et Liquide à Cent ſeize mil livres l'Indemnité dudit Pointeau , à cauſe de la plus valuë des nouveaux Droits de l'Election d'Orleans , cedez à MONSIEUR ; De laquelle Somme il ſera tenu Compte audit Pointeau annuellement ſur le prix de ſon Bail , &c.

Du vingt-neuf Septembre 1693.

Arreſt du Conſeil , Qui Ordonne, que la Regie, Levée & Perception des Droits de Jauge & Courtage en la Generalité de Champagne , ſera faite Par les Fermiers des Aydes , ou leurs Commis : A la charge d'en Compter à ceux à qui l'Adjudication en aura eſté faite, & de leur payer le produit en entier pendant le cours de leurs Baux ; A la Déduction d'un Sol pour livre qui leur eſt accordé pour tous les Frais de Regie , Gages de Commis, Loyers de Bureaux, Ports & Voiturtes de Deniers & tous autres.

A PARIS,

Chez la Veuve SAUGRAIN , à l'entrée du Quay de Geſvres, du coſté du Pont au Change, au Paradis.

SUITE DE LA TABLE

Du fixiéme Octobre 1693.

ARREST Contradictoire du Confeil d'Eftat , Qui Ordonne que les Arrefts du Confeil des vingt - neuf May 1604. & vingt-fix Juillet 1689. & celuy du Parlement de Dijon du vingt - huit Decembre audit an, feront executez : Et conformément à iceux , maintient & garde les Maires, Efchevins & Habitans de la Ville d'Auxonne , dans l'Exemption des Droits de Traites Foraines , Traites Domaniales , Refves , haut & baffe Paffages , Pour les Denrées & Marchandifes de leur Crû , & pour celles qui feront amenées d'ailleurs , venduës & achetées en ladite Ville & Tranfportées hors du Royaume , pourveu qu'elles ayent fait en ladite Ville , le féjour marqué par ledit Arreft du vingt-fix Juillet 1689. &c.

Du fixiéme Octobre 1693.

Arreft Contradictoire du Confeil d'Eftat , qui Ordonne que le Droit de deux pour Cent , fera Levé fur toutes les Marchandifes & Denrées qui viendront de Liege à Sedan , lors qu'elles Pafferont par le Duché de Luxembourg & Comté de Chiny : Sans néanmoins que les Habitans de ladite Ville de Sedan , puiffent eftre exclus de fe fervir (quand bon leur femblera) du nouveau chemin ouvert fur la Terre de Saint Hubert , en execution de l'Arreft du Confeil du huitiéme Juin 1679.

TABLE.

Du douziéme Decembre 1693.

Arrest du Conseil, Qui continuë la Décharge des Droits de Jauge & Courtage, accordée aux Prevost des Marchands & Eschevins de la Ville de Lyon; Pour les Vins & Boissons qui Entrent dans ladite Ville & Fauxbourgs, & qui y sont debitez & consommez, moyennant Trente mil livres par an, qu'ils sont obligez de payer à Pointeau, comme il l'a esté fait au profit de Chariere, & ce tant que la Levée desdits Droits subsistera.

Du quinziéme Decembre 1693.

Arrest du Conseil, Qui Evoque audit Conseil la Requeste presentée à la Cour des Aydes de Montauban, le vingt-cinq Septembre dernier, par les Marchands & Habitans du Païs de l'ancien Domaine de Navarre : Et Ordonne que par le Sieur d'Herbigny, Commissaire Départy en la Generalité de Montauban, il sera dressé Procez - Verbal de toutes les Contestations d'entre ledit Pointeau, & lesdits Marchands & Habitans ; Lesquels seront élargis des Prisons, en faisant leur Soûmission de payer les Droits de Foráine en question, s'il est ainsi ordonné.

Du quinziéme Decembre 1693.

Arrest du Conseil d'Etat du Roy, Pour le Reglement des Diminutions des Sous-Fermes des Aydes, Jauge & Courtage, Papier & Parchemin Timbrez du Royaume.

Du quinziéme Decembre 1693.

Arrest du Conseil, Qui Ordonne, avant faire Droit sur la Requeste de Pierre Pointeau, contre les nommez Mathieu, Lambert, Robert, Requebourg, Menil, Petitlon & Guillaume, Cabaretiers de S. Germain en Laye ; Concernant les Droits de Gros, Augmentation, Jauge & Courtage des Bierres, qu'elle leur sera Communiquée : Pour eux oüis & leur Réponse veuë, estre Ordonné ce qu'il appartiendra.

TABLE

Du vingt-deux Decembre 1693.

Arrest du Conseil, Qui Ordonne que conformément aux Tarifs Arrestez par les Visiteurs des Gabelles de Lyonnois, & à l'Avis du Sieur de Berule, le Minot de Sel continuëra d'être vendu au Grenier à Sel de Cluny, à raison de Vingt-neuf livres treize sols trois deniers, compris l'Achat, Port & Voiture du Sel par Eau & par Terre, le Sel attribué aux Secretaires du Roy, & le Sol pour livre Ordonné estre Levé sur le Prix du Sel de Masconnois; & ce nonobstant l'erreur faite dans le Tarif arresté au Conseil le dix-huit Mars 1687. Sans comprendre dans ledit Prix, les Deux sols du Contrôlleur, ny les deux Augmentations de Trente sols chacune, Ordonnez estre Levez par les Declarations de Sa Majesté des vingt-deux Février & vingt-cinq Octobre 1689.

Du vingt-deux Decembre 1693.

Arrest du Conseil d'Etat du Roy, Qui Décharge de tous Droits d'Entrée, Octrois, Peages & autres, le Ris, les Pois, Féves & autres Grains & Legumes, qui Entreront & seront apportez dans le Royaume, tant par Terre que par Mer, ou qui seront transportez d'une Province ou d'un lieu à autre, jusques au premier Avril de l'année prochaine 1694.

Du vingt deux Decembre 1693.

Arrest du Conseil, Qui Ordonne suivant l'Indemnité fixée par Arrest du cinq du present mois, à Sept mil cinq cens trente-une livres treize sols trois deniers, accordée à François Gicourt, Fermier du Domaine de la Generalité de Metz, pour la non-joüissance des Droits des Marchandises & Denrées passées pour les Villes de Treves & Mont-Royal, par les Bureaux de Thionville & autres pendant l'année 1692. que ladite somme sera passée à Pointeau sur le prix de son Bail de ladite année, en rapportant ledit Arrest, & le present avec la Quittance dudit Gicourt.

TABLE

Du vingt-neuf Decembre 1693.

Arreſt du Conſeil, Concernant le payement d'une Reſcription des Fermes tirée à Bordeaux ; Qui Evoque au Conſeil le Procés & differend pendant en la Cour des Aydes de Paris, entre les heritiers du Sieur Marquis d'Hoquincourt, & les Cautions & Intereſſez au Bail de Pierre Pointeau : Ordonne que les Parties mettront leurs Pieces, Requeſtes & Memoires, pardevers Monſeigneur de Pontchartrain; pour à ſon rapport leur eſtre pourvû ainſi qu'il appartiendra, & leur fait deffenſes de faire aucunes pourſuites en ladite Cour des Aydes, &c.

Du vingt-neuf Decembre 1693.

Arreſt du Conſeil, Qui Ordonne que par le Sieur de Miromeſnil, Commiſſaire Départy en la Generalité de Tours, il ſera Informé du contenu en la Requeſte de Maiſtre Pierre Pointeau, Concernant le Faux Saunage commis par des Cavaliers de la Compagnie du Comte de Broc, en la Paroiſſe de Juvigné, Païs du Mayne : Et des Decrets de priſe de Corps décernez par les Officiers de la Mareſchauſſée de Laval, contre les Employez aux Fermes-Unies ; Pour l'Information envoyée, Veuë & Rapportée au Conſeil, eſtre Ordonné ce qu'il appartiendra.

romenil, Commiſſaire Départy en la Generalité de Tours , il ſera informé des faits reſultans du Procez verbal dreſſé par le Directeur des Gabelles au Département du Mans, le deuxiéme Juillet 1693. Et qu'a la Requeſte de Maiſtre Pierre Pointeau, toutes Verifications feront faites, tant ſur les Regiſtres du Grenier à Sel du Mans, que du Receveur, pour examiner ſi les Ventes de Sel qui ont eſté faites y ont eſté Enregiſtrées ou non pour le tout Veu & raporté au Conſeil, eſtre Ordonné ce qu'il appartiendra.

Du treize Mars 1694.

Arreſt du Conſeil , Qui Ordonne que par Maiſtre Pierre Pointeau , il ſera tenu en Surceance aux Sous Fermiers des Aydes, Papiers & Parchemin Timbrez , Jauge & Courtage, y nommez , la ſomme de Deux millions cent ſoixante-quinze mil quatre cens vingt-huit livres, qui ſera repartie également ſur les payemens de chacun mois de l'année commencée le premier Octobre 1693. & qui finira le dernier Septembre prochain.

Du treize Mars 1694.

Arreſt du Conſeil , d'Eſtat du Roy , Qui Ordonne que les Laines d'Eſpagne deſtinées pour les Provinces de l'eſtenduë des Cinq groſſes Fermes, venant par Terre par Bayonne ou par Bordeaux, durant la preſente année 1694. ne payeront pour tous Droits d'Entrée , que ceux portez par le Tarif du dix-huit Septembre 1664. &c.

Du treize Mars 1694.

Arreſt du Conſeil, Qui Ordonne que les Parties employées dans les Eſtats du Roy, pour les Charges des Iſles de Saint Chriſtophle, Marie-Galande, Saint Barthelemy & Saint Martin, depuis & compris l'année 1690. ſeront paſſées par les Fermiers Generaux , à la Décharge du Sous-Fermier des Domaines des Iſles Françoiſes de l'Amerique , ſur les Eſtats de diſtribution arreſtez par l'Intendant deſdites Iſles , &c.

C

TABLE.

d'Entrée du Vin pat luy receuilly dans son Clos, située entre les deux Barrieres de la ruë de Piquepus.

Du vingt-trois Mars 1694.

Arrest du Conseil, Qui Ordonne que les Cautions des Sous Fermes des Aydes & Droits y joints des Elections de Vitry & Bar-sur-Aube, Melun, Rozay, Provins & Coulommiers, continueront de joüir desdites Sous-Fermes : Et qu'il leur sera tenu Compte par Maistre Pierre Pointeau, de la somme de Cent mil livres, sur le prix de leurs Sous-Baux, de l'année escheuë au dernier Septembre 1693. Et qu'il leur sera tenu en Surceance la somme de Cent dix mil livres, à repartir également, sur les Payemens de chacun mois de l'année courante 1694. desquelles sommes il sera pareillement tenu Compte & Surceance par Sa Majesté, audit Pointeau, sur le prix de son Bail.

Du vingt-trois Mars 1694.

Arrest du Conseil, Qui Ordonne que par Maistre Pierre Pointeau, il sera tenu Compte aux Cautions de la Sous-Ferme des Aydes des Elections de Clamecy & Bar-sur-Seine, sur le prix de leur Bail, de l'année escheuë le dernier Septembre 1693. de la somme de Quatorze mil livres ; Et qu'il leur sera tenu en Surceance pareille somme de 14000. livres, sur les Payemens de chacun mois de l'année courante : Desquelles sommes il sera aussi tenu Compte & Surceance audit Pointeau, sur le prix de son Bail.

Du vingt-trois Mars 1694.

Arrest du Conseil, qui Ordonne qu'il sera Procedé par la Cour des Aydes, sur les Informations & autres Procedures remises au Greffe d'icelle, comme auparavant l'Arrest du Conseil du seize Février dernier; Concernant le divertissement fait par Charles Bernard, Receveur des Traites & Gabelles à Corbie, de quelques Marchandises de Draps, &c.

TABLE.

Arrest du Conseil Privé, Qui Ordonne qu'aux fins de la Requeste de Maistre Pierre Pointeau, concernant une Saisie faite au Bureau de Tournay, de Sucre, de Cuirs de Roussy & de Harans, & sur l'Appel des Sentence du Sieur Segard, President Juge des Traites audit Bureau, des vingt-six Octobre 1693 onze Février & huit Mars dernier; Les Peres Brigittains du Convent de Pernet, François Simon, Marchand à Leuse, ledit Sieur Segard & autres seront Assignez au Conseil, pour y proceder conformément à l'Arrest dudit Conseil du vingt-sept Novembre 1691.

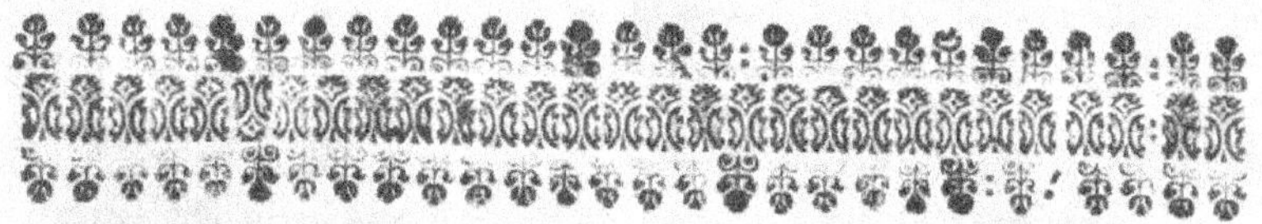

SUITE DE LA TABLE
DES ARRESTS DU CONSEIL,

Concernans les Fermes Royales Unies, Comprifes au Bail fait fous le nom de Me Pierre Pointeau, donnez pendant les mois de Janvier, Février & Mars 1694.

Du cinquiéme Ianvier 1694.

ARREST Contradictoire du Conseil d'Estat du Roy, Portant que l'Ordonnance de 1680. fera executée : Et en confequence que Maiftre Pierre Pointeau, fera tenu de fournir aux Habitans de Fefcamp, S. Vallery, Eu & Treport, les Sels qui leurs font neceffaires pour leurs Provifions, & pour la Salaifon des Poiffons de leurs Pefches ; Et que le Prix Marchand defdits Sels fera reglé fur le pied de ce qu'il revient dans les Greniers defdits Lieux, eu égard à ce qu'ils auront coufté, au Fret & autres frais.

Du cinquiéme Ianvier. 1694.

Arreft du Conseil d'Estat, Qui Ordonne qu'à la diligence de Maiftre Pierre Pointeau, il fera par les Officiers du Grenier à Sel de S. Vallery, dont la Chambre de Seignelay eft dépendante, procedé à la Tranflation d'icelle en la Ville de S. Vallery ; Et que les Paroiffes & Communautez qui y font fujettes, feront tenuës d'y lever & prendre leur fourniture de Sel, aux jours qui leur feront marquez par lefdits Officiers, en payant par ledit Pointeau, aux Collecteurs d'icelles, leur Droit de Collecte fuivant la diftance des Lieux.

TABLE.

Du douze Ianvier 1694.

Arreſt du Conſeil d'Eſtat, Qui Ordonne que la Diſtribution du Sel par Regrat, ſera faite en la Ville de Caën, avec les Meſures Eſtallonnées ſur celles dépoſées au Greffe du Grenier à Sel, en la maniere qu'il ſe pratiquoit avant l'Eſtabiſſement de la nouvelle petite Tremuye fermée, & conformément à l'Ordonnance & aux Reglemens.

Du douze Ianvier 1694.

Arreſt du Conſeil d'Eſtat, Qui Ordonne que par Monſieur l'Archer, Intendant en la Province de Champagne, il ſera Informé du contenu au Procez verbal du Commis à la Recepte du Grenier à Sel de Chaumont en Baſſigny, du vingt-un Decembre dernier, contre les Officiers dudit Grenier, qui ont voulu d'authorité avoir leur Sel dans le Minot comble; ſans Tremuye ny Grille & à Pelle renverſée: Et fait Deffenſes auſdits Officiers de faire délivrer aucuns Sels de Franc-Sallé & autres, ſans paſſer par la Tremuye en la maniere accouſtumée, à peine, &c.

Du douze Ianvier 1694.

Arreſt du Conſeil d'Eſtat, Qui renvoye la Requeſte du Fermier, contre les Habitans du haut Languedoc, chez qui il s'eſt trouvé du Sel de Peccais pour leur Uſage, à Monſieur de la Moignon de Baſville, Commiſſaire Départy en la Province de Languedoc; Pour aprés avoir Conferé avec le Procureur General de la Cour des Comptes, Aydes & Finances de Montpellier,& avoir entendu le Fermier des Gabelles de ladite Province, ſur le contenu en ladite Requeſte, donner ſon Avis ſur icelle, pour iceluy veu & examiné au Conſeil, eſtre Ordonné ce qu'il appartiendra.

Du dix-neuf Ianvier 1694.

Arreſt du Conſeil, d'Eſtat, Qui Permet a Maiſtre Pierre

TABLE.

Du dix-neuf Ianvier 1694.

Arrest du Conseil d'Estat, Qui Ordonne avant faire Droit sur la Requeste de Maistre Pierre Pointeau, pour le payement des Droits de double Subvention de neuf Poinçons d Eauë de Vie, envoyez par Loüis Monde, Marchand à Auxerre, aux nommez Jean David & Jean Trimollet, Marchand a Auxonne, qu'elle leur sera Communiquée ; Pour eux oüies & leurs Réposes veuës dans quinzaine, estre Ordonné ce qu'il appartiendra.

*   *Du vingt-trois Ianvier 1694.*

Arrest du Conseil d'Estat du Roy, Qui Ordonne qu'il sera seulement Percû à toutes les Entrées du Royaume par Terre, tant dans les Bureaux des Cinq grosses Fermes, que des Provinces reputées Estrangeres & Païs Conquis, Quinze sols pour chacun Cent pesant de Fromage de toutes sortes, venans des Païs Estrangers, pour tous Droits d'Entrée, jusques au dernier Avril prochain, &c.

Du vingt-trois Ianvier 1694.

Arrest du Conseil, Qui Ordonne que les Sieurs Intendans & Commissaires Départis dans les Provinces & Generalitez du Royaume, continueront pendant un an, à Connoistre de toutes les difficultez qui pourront naistre entre tous les Ouvriers Chapelliers & les Commis Préposez pour l'Apposition de la Marque, & pour la Perception du Droit sur lesdits Chapeaux, suivant & conformément à l'Edit du Roy, du mois d'Avril 1690.

Du neuviéme Fevrier. 1694.

Arrest du Conseil, Qui Reduit le Forfait du Traité de la Finance Ordonnée estre payée par les Hostelliers, Aubergistes, Traiteurs & Cabareriers, des Generalitez & Elections y dénommées, à la somme de Onze cens quarante mil livres : Et Ordonne que le Recouvrement en sera fait par les Sous-Fermiers des Aydes,

TABLE.

chacun dans l'eſtenduë de leurs Sous-Fermes , ſuivant les Re-
partitions y portées , &c.

Du neuviéme Février 1694.

Arreſt Contradictoire du Conſeil d'Eſtat , Qui Ordonne ,
ſans s'arreſter à l'Oppoſition des Maiſtres & Gardes de la Communauté des Marchands Orfévres & Joüailliers de la Ville de
Paris dont Sa Majeſté les a deboutez ; Que l'Arreſt dudit Conſeil du quatre Aouſt 1693. pour la Contre-marque de la vieille
Vaiſſelle chez les Orfévres , ſera executé , &c.

Du neuviéme Février 1694.

Arreſt du Conſeil d'Eſtat du Roy , Qui Permet aux Nego-
tians & Marchands de la Ville de Tournay , & autres de la
Flandre , de faire Sortir de la Chaux hors du Royaume , pendant trois mois du jour & datte du preſent Arreſt ; En payant
à Maiſtre Pierre Pointeau , ſes Commis & Prepoſez , Dix livres
pour chacun Laſt de Douze Tonne de la Meſure Ordinaire ,
&c.

Du neuviéme Février 1694.

Arreſt du Conſeil , Qui Permet aux Marchands de Chevaux
& autres , qui voudront paſſer du Païs de Treves , dans le
Païs de Luxembourg , Mets & autres Ville de l'Obéiſſance
du Roy , de prendre tant que la preſente Guerre durera , tels
Chemins , Routes & Paſſages qu'ils trouveront plus convena-
bles à leur ſeureté ; A la Charge de payer les Droits au Bureau
de Treves , ou d'y prendre des Acquits à Caution & Soûmiſſions,
de les payer au Bureau des Lieux de leur deſtination , &c.

Du ſeize Février 1694.

Arreſt du Conſeil , Qui Ordonne , ſans s'arreſter à l'Ordonnance du Sieur Mathieu , Commiſſaire Départy à Luxembourg,
du dix-huit Decembre 1693. Que le Jugement diffinitif du
Preſident Juge des Traites audit lieu , du vingt-ſix Novembre

audit an; Portant Confiscation de Trois cens quarante Cuirs de Bœuf, provenans de l'Armée du Roy en Allemagne, excedans la Declaration faite par un Voiturier, au Bureau de Vvasserbelik, sera executé au profit de Pointeau, selon sa forme & teneur; Sauf l'Appel au Parlement de Metz.

Du seize Fevrier 1694.

Arrest du Conseil, Qui Ordonne que les Charges, Informations & autres Procedures faites par le Juge des Traites d'Amiens, contre Charles Bernard, Receveur des Traites & Gabelles à Corbie, concernant le divertissement de quatre Ballots de Marchandises de Draps & autres qui avoient esté déclarez pour des Bandollieres & grosses Toiles, seront apportées au Greffe du Conseil: Et fait Deffenses audit Bernard & tous autres de faire aucunes Poursuittes à la Cour des Aydes pour raison dudit fait, &c.

Du vingt-sept Février 1694.

Arrest du Conseil, Qui Ordonne qu'il sera Arresté des Rôlles des sommes qui doivent estre payées par les Hostelliers, Aubergistes, Traiteurs & Cabaretiers, à la diligence des Sous-Fermiers des Aydes; Sur lesquels le Tresorier des Revenus Casuels expedira ses Quittances, & les délivrera ausdits Sous-Fermiers dénommez en l'Arrest du neuf de ce mois, chacun à son égard, qui s'en chargeront au bas des Inventaires qui en seront faits en la maniere accoustumée, &c.

Du vingt-sept Février 1694.

Arrest du Conseil, Qui Ordonne avant faire Droit sur la Requeste de Maistre Pierre Pointeau, concernant le payement de Trente sols pour Cent pesant de Fers ouvrez ou non ouvrez venant des Païs Estrangers, à l'Entrée du Royaume; Qu'elle sera communiquée a Pierre Dutiers, Maistre des Forges du Païs de Treves, & qu'il sera entendu avec ledit Pointeau, pardevant le Sieur de Seve, Premier President au Parlement de

Metz, & Commiſſaire Départy dans les Provinces de Lorraine & de Luxembourg, qui dreſſera ſon Procez verbal de leur dires & Conſteſtations, pour iceluy veu au Conſeil, avec ſon Advis, eſtre Ordonné ce qu'il appartiendra.

Du vingt-ſept Février 1694.

Arreſt du Conſeil, Qui renvoye (la Requeſte de Maiſtre Pierre Pointeau, concernant les Certificats ou Paſſavans qui doivent eſtre délivrez, tant pour les Marchandiſes & Denrées du Crû de Provence, qui ſont Voiturées Terre à Terre, d'un lieu à autre, que pour les Marchandiſes Eſtrangeres,) au Sieur le Bret, premier Preſident au Parlement de Provence, Commiſſaire Départy en ladite Province; Pour entendre ſur icelle les Conſuls de la Ville d'Aix, & ledit Pointeau, & dreſſer ſon Procez verbal de leurs dires & Conteſtations, pour iceluy veu au Conſeil, eſtre Ordonné ce qu'il appartiendra.

Du deuxiéme Mars 1694.

Arreſt du Conſeil; Qui renvoye à la Cour des Aydes l'Inſtance pendante au Parlement de Normandie, ſur l'Appel interjetté par Germain Guerault dit Lignerolle, des Sentences contre luy renduës par le Lieutenant Criminel de Bayeux, les dix Janvier & vingt-trois Decembre 1693. pour le Faux-Saunage par luy Commis.

Du ſixiéme Mars 1694.

Arreſt du Conſeil, Qui Ordonne que par Monſieur Dugué de Bagnols, Intendant de Juſtice, Police & Finances en Flandres, il ſera dreſſé Procez verbal du contenu en la Requeſte de Maiſtre Pierre Pointeau, concernant les Actes d'Appel & de Priſe à partie, Violence, Attentat & voyes de fait, commiſes au Bureau des Fermes à l'Iſle, par le nommé Vartel, Marchand audit lieu pour le Payement des Droits de deux Tonnes de Baleines coupées y mentionnées; Pour le tout veu & Raporté au Conſeil, avec ſon Advis, eſtre Ordonné ce qu'il appartiendra.

TABLE.

SUITE DE LA TABLE

DES

EDITS ET ARRESTS

DU CONSEIL

CONCERNANT

LES FERMES ROYALES-UNIES,

COMPRISES AU BAIL FAIT SOUS LE NOM de Me PIERRE POINTEAU.

Donnés pendant les mois d'Avril, May & Juin 1694.

Du mois d'Avril 1694.

EDIT, portant rétablissement de l'Heredité des Offices de Greffiers des Élections & Greniers à Sel du Royaume, & des Gages & augmentation de Gages & Droits à eux attribués.

Du mois d'Avril 1694.

Edit du Roy, *Registré en Parlement le 8 May 1694.* por-

A

tant confirmation de l'exemption des Droits de Gabelles, & Droits Seigneuriaux, en faveur des Treforiers de France; & que le Sel de Franc-Salé fera délivré à leurs Veterans & Veuves demeurant en viduité, conformément à l'Article IV. du Titre XIII. de l'Ordonnance des Gabelles, du mois de May 1680, & qu'à cet effet l'employ en fera fait dans les Etats de Franc-Salé.

Du premier Avril 1694.

* Arreſt du Conſeil, qui permet le Tranſit des Toilles, des Chapeaux de Caſtors, & des Dentelles de Soye par terre pour Marſeille, juſqu'au premier May 1695, en faiſant declaration au premier Bureau de la Route, de la quantité & qualité d'icelles; ſans payer autres Droits que ceux qu'ils auroient payés pour leur ſortie par Mer hors du Royaume, &c.

Du 3. Avril 1694.

* Arreſt du Conſeil, qui décharge les Eccleſiaſtiques & Poſſeſſurs des Biens amortis, de toutes taxes pour l'Affranchiſſement des Droits de Ceus, Lods & Ventes, &c.

Du 6. Avril 1694.

* Arreſt du Conſeil, portant que les Entrepreneurs des Canons, Bombes & autres Ouvrages de Fer, ouvrés & non ouvrés, pour le ſervice de Sa Majeſté, rapporteront dans trois mois, à Mᵉ Pierre Niclos, Sous-Fermier des Droits de la Marque des Fers, Fontes, Aciers & Quincailleries du Royaume, des Etats des quantités & qualités des Ouvrages de Fer & Fonte qu'ils ont fait remettre aux Magaſins de Sa Majeſté, ſignés & certifiés par les Gardes d'iceux, & viſés par Meſſieurs les Intendans, ſinon ledit tems paſſé, qu'ils payeront audit Niclot, les Droits des Fers & Fontes qu'ils ont fait entrer & ſortir depuis le premier Octobre 1691, &c.

Du 6. Avril 1694.

Arreſt du Conſeil, qui ordonne que par Pierre Pointeau, ou ſon Commis au Grenier à Sel de Paris, il ſera délivré à l'Hopital General & à celui des Enfans trouvés, la quantité de quatre muids de Sel d'Augmentation, pendant l'année commencée au premier Octobre 1693, & qui finira au dernier Septembre 1694, ſans aucuns frais ni Droits, outre & pardeſſus les huit muids employés dans l'Etat des Francs-Sallés.

Du 6. Avril 1694.

Arreſt du Conſeil, qui ordonne que les Informations & autres Procedures faites par le Sieur Ozon, Juge des Eaux & Foreſts de Montargis ; contre les Gardes des Gabelles, & les Mariniers conduiſant du Sel pour le Fourniſſement des Greniers de la Ferme Generale des Gabelles, ſur la Riviere de Loin, au perthuis du Gué de Vaux, (à cauſe qu'ils ont voulu faire paſſer par ledit Perthuis leurs Bateaux, par preferance à ceux des Baſtelliers qui menoient du Poiſſon ſur ladite Riviere) ſeront apportés au Greffe du Conſeil ; pour icelles vûës, être ordonné ce que de raiſon : Et fait défenſes de mettre le Decret décerné par ledit Ozon , à execution, contre leſdits Gardes & Mariniers, à peine, &c.

Du 20. Avril 1694.

* Arreſt du Conſeil, qui declare commun avec tous les Commis des Fermes-Unies des Villes du Royaume, l'Arreſt rendu audit Conſeil, le 23. Mars dernier , en faveur des Commis d'Angers ; & qui les décharge du payement des ſommes auſquelles ils ont été ou ſeroient impoſés, pour la contribution deſdites Villes ; avec défenſes aux Echevins de les comprendre dans les Reparations, & à toutes perſonnes de les contraindre , &c.

Du 20. Avril 1694.

Arrest du Conseil, qui ordonne (sans s'arrêter aux Sentences du Juge des Traites à Dunkerque, des 14. & 25. Janvier dernier, en ce qu'elles ont ordonné que les Dentelles en question confisquées, seroient déposées au Magasin des Manufactures Etrangeres, pour y être vendues au profit de Pierre Pointeau, Fermier General, à la charge d'être renvoyées à l'Etranger) que lesdites Dentelles seront remises audit Pointeau ou son Receveur audit Dunkerque, pour en disposer ; sauf l'Appel dans le delay de l'Ordonnance, par les Parties sur lesquelles elles ont été confisquées.

Du 20. Avril 1694.

* Arrest du Conseil, concernant le recouvrement des Taxes faites en conséquence de l'Edit du mois de Mars 1693. sur les Hôtelliers & Aubergistes, dans les Generalités & Elections où les Aydes ont cours.

Du 27. Avril 1694.

* Arrest du Conseil, qui ordonne que les Fermiers des Droits du Roy, Octrois & Droits des Villes & Communautez, Traitans des Affaires extraordinaires, leurs Procureurs, Commis & Employés, dans l'étenduë de la Generalité & ressort du Parlement de Mets, seront tenus de tenir leur Registres en Papier timbré, pour l'exploitation de leurs Fermes : avec défenses de donner des Recepissés, Quittances, Congés & Passavans, qu'ils ne soient sur Papier timbré, &c.

Du 27. Avril 1694.

* Arrest du Conseil, qui ordonne que la somme de treize millions neuf cens quinze mille six cens quarante livres seize sols dix deniers, contenuë en l'Etat arrêté au Conseil le 29. Decembre dernier, sera payée par Mᵉ Pierre Pointeau,

Fermier General des Fermes-unies, aux Payeurs des Rentes, & autres dénommés en icelui, nonobſtant la deſtination portée par les Arreſts exprimés au preſent Arreſt, qui demeureront nuls & de nul effet, &c.

Du 27. Avril 1694.

* Arreſt du Conſeil, qui ſans s'arrêter à un Arreſt du Parlement de Paris, juge que les Fermiers des Aydes, ne ſont pas tenus de repreſenter les Regiſtres ſervant à la Regie des Aydes, indiſtinctement à toutes perſonnes.

Du 27. Avril 1694.

Arreſt du Conſeil, qui ordonne que les informations & autres Procedures encommencées par le Juge des Traittes de Valongnes, pour raiſon des excès & violences commiſes contre les Commis de Mᵉ Pierre Pointeau, au Bureau de la Hogue (à cauſe d'une ſaiſie qu'ils y ont faite de Tabac, Sucre, Miel & autres Drogues) ſeront continuées par Monſieur Foucault, Commiſſaire départy en la Generalité de Caën, ou ſon Subdelegué, & le Procès fait aux coupables juſques à Jugement diffinitif excluſivement ; pour le tout envoyé, vû & rapporté au Conſeil, être ordonné ce qu'il appartiendra.

Du 27. Avril 1694.

Arreſt du Conſeil, qui décharge Mᵉ Pierre Pointeau, de la demande & prétention des nommés Beaux-Hoſt & le Royer, de faire compulſer les Regiſtres tenus au Bureau General des Aydes, pour la vente & débit des Vins, ſans s'arrêter à l'Arreſt rendu par défaut au Parlement de Paris, le cinquiéme du preſent mois, & à tout ce qui s'en eſt enſuivi ; & leur fait défenſes de mettre ledit Arreſt à execution, à peine de trois cens livres d'amende, &c.

Du premier May 1694.

* Arreſt du Conſeil, qui proroge les défenſes portées par l'Arreſt du 23. Mars dernier, juſqu'au premier Juin prochain, de braſſer ni fabriquer aucunes Bieres & Eaux-de-vie, de quelque nature qu'elles ſoient, dans tout le Royaume, à la reſerve de la Flandre, &c.

Du 6. May 1694.

* Arreſt de la Cour des Aydes, portant Reglement, tant pour la Regie du Grenier à Sel de Paris, & Diſtribution du Sel en icelui: que pour l'exercice & Fonction des Meſureurs & Porteurs de Sel audit Grenier.

Du 11. May 1694.

Arreſt du Conſeil, qui déclare le Bail des Droits du Timbre du Papier & Parchemin des Generalités de Riom & Limoges, fait par Maiſtre Pierre Pointeau, à Maiſtre Jean Boudin, & l'Acte de Cautionnement d'icelui, commun avec Loüis Baudot, Aſſocié en ladite Sous-Ferme; Et en conſéquence, ordonne que le tout & l'Acte de Socieré du 21. Mars 1694. feront executés contre lui, ainſi que contre les autres Aſſociés.

Du 11. May 1694.

Arreſt Contradictoire du Conſeil, qui maintient le Sieur Marquis de Jargé, en la joüiſſance du Droit de Péage de Sept Boiſſeaux de Sel, ſur chacun Bateau Chalan chargé de Sel, paſſant ſur la Riviere de Sarthe, en l'étenduë de la Seigneurie de Chef: conformément à ſes Lettres Patentes du 8. Avril 1648. nonobſtant l'Ordonnance de 1546. à condition de conſommer tout le Sel qui proviendra dudit Péage dans ſa Maiſon, ſans en pouvoir vendre, donner ni tranſporter ailleurs, & d'entretenir les Portes & Ecluſes qui font fur ladite Riviere, en l'étenduë de ladite Seigneurie.

Du 11. May 1694.

Arreſt du Conſeil, qui ordonne qu'il ſera payé par Maître Pierre Pointeau, Fermier General des Fermes Unies, la ſomme de trois mille cinq cent quatre vingt douze livres neuf ſols trois deniers, au Receveur Payeur de Gages & Augmentations desOfficiers du Parlement de Guyenne, en Exercice a preſente année 1694. pour être par lui employée, avec celle de cent quatre mille cinq cens quarante ſept livres douze ſols quatre deniers, dont le fond eſt fait dans l'Etat des Fermes-Unies, arrêté au Conſeil le 11. Avril dernier, à l'entier payement des Gages & Augmentations de gages des Officiers dudit Parlement; de laquelle ſomme de trois mille cinq cent quatre-vingt douze livres neuf ſols trois deniers, il ſera tenu compte audit Pointeau, ſur le prix de ſon Bail de ladite année, en rapportant le preſent Arreſt & la Quittance dudit Payeur.

Du 11. May 1694.

* Arreſt du Conſeil, concernant les Comptes qui doivent être rendus par les Receveurs Generaux des Domaines.

Du 11. May 1694.

Arreſt du Conſeil, qui ordonne, que par Maître Pierre Pointeau, il ſera payé au Receveur Payeur des Gages & Augmentations des Officiers de la Cour des Aydes de Guyenne, en Exercice, la ſomme de deux mille ſix cens ſoixante huit livres onze ſols onze deniers, pour être par lui employée, avec celle de ſoixante huit mille ſept cent quatre-vingt cinq livres ſept ſols deux deniers, dont le fonds eſt fait dans l'Etat des Fermes-Unies, arrêté au Conſeil le 20. Avril dernier, à l'entier payement des Gages & Augmentations de Gages des Officiers de ladite Cour des Aydes; de laquelle ſomme de deux mille ſix cens ſoixante dix-huit livres onze ſols onze deniers, il fera tenu compte audit Pointeau, fur le prix de fon Bail de la prefente année, en rapportant le prefent Arreft & la Quittance dudit Payeur.

Du 18. May 1694.

* Arreft du Confeil, qui ordonne que les Juges des Traittes établis en conféquence de l'Edit du mois de May 1691. dans les Villes de Metz, Sedan, Mouzon, Ville-Franche, Verdun, Luxembourg, & autres Lieux de Lorraine, connoiftront privatiment à tous autres Juges, des Droits de fortie & entrées, & autres Droits y joints, Tabac, Cinq Groffes Fermes; enfemble de la Marque du Papier timbré, & Controlle des Exploits.

Du 18. May 1694.

* Arreft du Confeil, qui ordonne, fans s'arrêter à l'Arreft du Parlement de Bretagne, du 19. Avril dernier, que les Faux Sauniers détenus ès Prifons de Cliffon, & autres Jurif-dictions des Gabelles de la Frontiere de Bretagne, condam-nez en l'amende de cinq cens livres, convertie en peine afflictive, ne pourront être élargis que trois jours après l'ex-piration du délay de deux mois à eux accordé pour le paye-ment de l'amende: Et fait défenfes aux Juges de Cliffon & autres, de les élargir, à peine, &c.

Du 18. May 1694.

Arreft du Confeil, qui décharge Pierre Domergue & Pierre Pointeau, Fermiers Generaux des Fermes-Unies, des Reftitutions des Droits de la Domaniale, Ordonnée par l'Arreft du 6. Octobre 1693. obtenu par les Habitans d'Au-xonne, lequel au furplus fera executé, &c.

Du 22. May 1694.

* Arreft du Confeil, qui ordonne que les Commiffaires

aux Saifies réelles, établis au régime & gouvernement des Ifles & Iflots; enfemble les Fermiers conventionnels ou Locataires defdits Biens, feront tenus dans huitaine, de payer à Me Charles de la Cour de Beauval, les fommes qu'ils ont en leurs mains, provenans du revenu defdits Biens, jufqu'à concurrence des fommes, pour lefquelles ils font compris aux Rolles arrêtés au Confeil.

Du 22. May 1694.

* Arreft du Confeil, qui ordonne que les Proprietaires Poffeffeurs & Détempteurs des Ifles & Iflots, feront tenus de fournir à Me Charles de la Cour de Beauveal, des Copies ou Extraits des Titres de Proprieté, & les Baux, avec declarations de ce chacun poffede defdits Biens & Droits, à peine de réünion au Domaine du Roy.

Du 25. May 1694.

Arreft du Confeil, qui ordonne que la Requête du Fermier fera communiquée aux Abbé & Religieux de Sainte Génevieve du Mont, pour y fournir de réponfe dans quinzaine; & faute d'y fatisfaire dans ledit temps, il fera fait Droit fur les fins de ladite Requête, au fujet du recouvrement des Droits de Lods & Ventes dûs par les Proprietaires des maifons bâties fur les Foffés de l'Eftrapade, dont lefdits Religieux conteftent la cenfive au Roy, &c.

Du 25. May 1694.

* Arreft du Confeil, qui ordonne l'execution de celuy du 10 Avril precedent, concernant le Recouvrement des Taxes faites fur les Hôtelliers, Aubergiftes, Traiteurs, & Loüeurs de Chambres garnies.

Du mois de Juin 1694.

* Edit du Roy, *Regiſtré en Parlement le 21 Juillet 1694,*
portant création en titre d'Offices hereditaires, des Egards
ou Gourmets des Bierres dans les Pays conquis & cedés de
Flandres, Hainault & Artois ; le tout au nombre qui ſera
jugé neceſſaire dans chacune des Villes & lieux deſdits
Pays ; & à la charge de payer par ceux qui ſeront pourvûs
deſdits Offices, la Finance portée par les Rolles qui ſeront
arreſtés au Conſeil. Sur leſquels & ſur les Quittances
de Finance & de Marc d'or, les Lettres de Proviſions
neceſſaires leur ſeront expediées, le coût & frais duquel
Marc d'or ſera reglé à ſix livres & du Sceau à cinq
livres pour cette fois ſeulement : En conſequence
de quoy les Pourvûs deſdits Offices feront ſeuls & à
l'excluſion de tous autres, la fonction d'Eſgards ou
Gourmets de toutes les Bierres qui ſeront braſſées dans
leſdits Pays ; à l'effet de quoy les Braſſeurs ſeront tenus de
repreſenter auſdits Eſgards les matieres dont ils entendront
compoſer les Bierres, & de les avertir lorſqu'ils voudront
les entonner, pour donner ſur le tout par leſdits Eſgards,
leurs avis & rapport aux Magiſtrats qui en doivent
connoître. Veut que pour les Salaires, Droits & Vacations
deſdits Offices, il leur ſoit payé, ſçavoir, cinq Patars pour
chaque tonneau de bonne Bierre de la continence de quarante-huit Lots ; & pour les autres Vaiſſeaux de la même
qualité de Bierre au-deſſus & au-deſſous de ladite continence, à proportion ; & pour chaque Tonneau de petite
Bierre de ladite continence de quarante-huit Lots, deux
Patars & demi, & pour les autres Vaiſſeaux au-deſſus &
au-deſſous à proportion ; leſquels Droits ſeront payés par
les Braſſeurs auſdits Eſgards, ou à ceux qui ſeront commis
aux fonctions de leur Charges par les Prépoſés au Recouvrement de la Finance deſdits Offices, ſans toutesfois
qu'ils puiſſent exiger autres, ni plus grands Droits, à peine
de concuſſion. N'entend neanmoins que leſdits Droits
ſoient perçus ſur les Bierres que les Bourgeois feront fa-

çonner dans leurs maisons pour leur Provision & consommation seulement, & non autrement, ni pareillement que lesdits Esgards soient sujets à aucuns logemens de Gens de de Guerre, Guet, Garde, & autres Charges publiques, d'ontils seront exemptés & déchargés.

* Du 8. Juin 1694.

* Arrest du Conseil, qui décharge les Ecclesiastiques des Taxes faites sur eux, en consequence des Edits des mois de Mars & Septembre 1693, pour l'Affrachissement des Cens & Rentes dûs au Roy, &c.

Du 8. Juin 1694.

Arrest du Conseil, qui ordonne, avant faire droit sur la Requeste de Me Pierre Pointeau, contre la Sentence des Officiers du Genier à Sel d'Issoudun, du 27. Mars 1694, qui le condamne à payer à Jacques Bailly, Mesureur audit Grenier, huit deniers pour chacun Minot de Sel, & outre un Minot de Sel en nature pour l'année échûë au premier Octobre 1693, que ladite Requeste sera communiquée audit Bailli, pour sa réponse vûë, estre fait droit ainsi qu'il appartiendra.

Du 8. Juin. 1694.

Arrest Contradictoire du Conseil, qui décharge les Marchands & Habitans de la Ville de Dieppe, du payement des Droits de dix huit livres pour Muid, des Sels qu'ils ont fait entrer pour la Salaison des Poissons de leur Pesche, depuis & compris l'année 1690. Ordonne que ce qu'ils ont payé pour lesdits Droits leur sera rendu; Et Permet ausdits Marchands & Habitans d'aller prendre aux Marais de Bretagne, pendant deux années seulement, les Sels qui leur seront necessaires, en payant au Fermier les Droits qu'ils ont accoûtumé de payer aux Marais de Bretagne, & observant les formalités qu'ils ont pratiqué depuis l'Ordonnance des Gabelles de 1680.

Du 8. Juin 1694.

* Déliberation de Messieurs les Interessés au Bail General des Fermes Royales Unies, fait sous le nom de Me Pierre Poiteau, en execution de celle du 9 Septembre 1693. concernant le Prest du Sel.

Du 9. Juin 1694.

Arrest du Conseil, qui ordonne que les Informations faites par le Juge Ordinaire & Officiers du Bailliage d'Aurillac, ensemble celles faites par le Lieutenant General des Gabelles à Murat ; concernant l'Assassinat de Jean Gaidon, Garde des Gabelles, par les nommés Duvivier pere & fils, & la Coste, seront incessamment envoyées au Conseil ; à ce faire les Greffiers contraints ; Et cependant que l'Instruction sera continuée par ledit Juge des Gabelles, jusqu'à Jugement diffinitif exclusivement, &c.

Du 9. Juin 1694.

Arrest du Conseil Privé, qui ordonne que les Charges & informations respectivement faites par le Prevost d'Arlon, & par le Juge des Traites à Luxembourg, sur un Conflit arrivé au sujet des violences commises contre les Commis & Gardes au Bureau d'Arlon, pour une saisie de Cuirs qu'ils y ont faite, seront incessamment envoyées au Conseil ; & cependant que l'Instruction sera continuée par le Juge des Traites à Luxembourg, jusqu'à ce qu'autrement par Sa Majesté en ait été ordonné.

Du 12. Juin 1694.

* Arrest du Conseil, qui subroge Me Etienne Richer, au lieu de Mes Pierre de Marne, Poully & Gentils, pour la Ferme du Poid-le-Roy, Domaine & Barrage & Droits sur les Suifs & Chandelles, de la Ville & Fauxbourgs de Paris.

Du 12. Juin 1694.

Arrest du Conseil, qui ordonne que par Mr Phelypeaux, Intendant en la Generalité de Paris, ou tel Juge qui sera par lui délegué, il sera informé du contenu au Procès verbal du Commis general des Descentes, emplacement & Mesurages des Sels & autres, du premier Juin & jours suivans 1694. des vols du Sel commis par des Mariniers, même contre les Officiers du Grenier à Sel de Sens; & le Procès fait aux coupables, jusqu'à Jugement disinitif; qu'à cet effet les Charges & Informations si aucunes ont été faites par lesdits Officiers dudit Grenier, seront apportées au Greffe de la Commission. Et le present Arrest, & ce qui sera ordonné en execution d'icelui, executé nonobstant oppositions, appellations, &c.

Du 15. Juin 1694.

Arrest du Conseil, qui ordonne, conformément à l'Edit du mois d'Avril precedent, de Confirmation des Privileges & Exemptions des Tresoriers de France, que Jacques Charpoux, Tresorier de France Veteran, joüira de deux Minots de Sel de Franc-Sallé par chacun an, qui lui seront délivrés au Grenier à Sel de Tours; Et que l'Employ en sera fait dans les Etats des Francs-Sallés, qui seront arrestés au Conseil à l'avenir; lesquels deux Minots lui seront délivrés pour la presente année, en vertu dudit Arrest.

Du 15. Juin 1694.

* Arrest du Conseil, en faveur des Secretaires du Roy, portant confirmation de l'exemption des Taxes pour raison des Francs Fiefs, Franc Alieu, Don Gratuit, Affranchissement des Droits Seigneuriaux & autres.

Du 22. Juin 1694.

* Arreſt du Conſeil, qui ordonne que l'Article CCCCXXI.
du Bail general des Fermes Royales-Unies, ſera executé; &
en conſequence que les Gardes des Fermes continuëront de
faire les Exploits, ſignifications & autres Actes judiciaires
concernant leſdites Fermes, ainſi que les autres Huiſſiers &
Sergens ; & fait défenſes aux Juges des Traites à Luxembourg & à tous autres, de les y troubler, & &c.

Du 22. Juin 1694.

Arreſt Contradictoire du Conſeil, qui ordonne conformément aux Edits, Odonnances & Reglemens faits ſur les
Finances, que Me Pierre Pointeau & autres Adjudicataires
de la Ferme dès Gabelles de Languedoc, ſeront tenus de
preſenter au Bureau des Finances de Montpellier, chacune
année l'Etat au vray de la Recette & Dépenſe du prix du
Bail de ladite Ferme, pour être verifié en la maniere accoûtumée, &c.

Du 22. Juin 1694.

Arreſt du Conſeil, qui décharge Me Pierre Pointeau,
des Prétentions & des Demandes de Jean Gigon, Fermier
des Droits ſur les Cendres & Gravelées, contenuës en ſa Requeſte du 8 dudit mois, concernant l'exemption deſdits Droits prétendus par les Adminiſtrateurs & Directeurs
de l'Hôpital general & Hôtel-Dieu ; & lui fait défenſes de
faire aucunes pourſuites pour raiſon de ce contre ledit Pointeau, en la Cour des Aydes, ni ailleurs, à peine, &c.

Du 22. Juin 1694.

* Arreſt du Conſeil, concernant la Vente des Offices
d'Egards ou Gourmets des Bierres, créés par Edit du même
mois, en Flandres, Hainault & Artois.

Du 22. Juin 1694.

Arreſt du Conſeil, qui décharge Pointeaudes Condamnations portées par l'Arreſt du neuf Février 1694. rendu ſur la Requeſte des Maiſtres Tireurs d'or de la Ville de Lyon, luy fait deffenſes & à ſes Commis d'exiger d'Eux le Droit de dix ſols par Lingot à Largue de Lyon ; Et qui décharge ledit Fermier de la Reſtitution dudit Droit de dix ſols par luy reçûs, juſques au jour que ledit Arreſt du neuf Février dernier, luy a eſté ſignifié, &c.

Du 22. Jiun 1694.

Arreſt Contradictoire du Conſeil, qui maintient les Habitans de la Ville de Mouzon, dans l'exemption de tous Droits d'Aydes, tant anciens que ceux établis depuis les Lettres de confirmation de leurs Privileges de l'année 1644.

Du 22. Juin 1694.

Lettres Patentes, *Regiſtrées en Parlement le 3 Juillet 1694.* qui agréent la Donation faite à Sa Majeſté, par Madame de Guiſe, du Palais de Luxembourg, avec le Contrat de ladite Donation.

Du 29. Juin 1694.

* Arreſt du Conſeil, qui décharge les Bleds Fromens, Méteils, Seigles, Orges, Avoines, Ris, Pois, Féves & autres Grains & Legumes, qui entreront & ſeront apportés dans le Royaume, Païs, Terres & Seigneuries de l'Obeïſſance de Sa Majeſté, tant par Mer que par Terre, ou qui ſeront tranſportées d'une Province, ou d'un lieu à autre, juſq'au premier Septembre ſuivant, de tous Droits d'Entrées, Octrois, Peages & autres, &c.

Du 29. Juin 1694.

Arreſt du Conſeil, qui ordonne, qu'à commencer du premier Janvier 1694, Déduction ſera faite ſur le prix du Bail de Maiſtre Pierre Pointeau, par chacune des années reſtantes à expirer d'iceluy, de la ſomme de Cent quatre-vingt mille livres, à laquelle le Roy regle & liquide l'Indemnité dudit Pointeau ; à cauſe de la Diſtraction & Des-union de la Sous-Ferme du Domaine & Barrage de la Ville & Fauxbourgs de Paris, de la Ferme Generale de ſes Domaines, &c.

Du 29. Juin 1694.

Arreſt du Conſeil, qui ordonne avant faire Droit ſur la Requeſte de Maiſtres Pierre Domergue & Pointeau, Fermiers des Gabelles & Cinq Groſſes Fermes, qu'elle ſera communiquée à Claude de la Ramiſe, cy devant Receveur au Grenier à Sel & au Bureau des Traites de le Ville d'Auxonne ; (en demeure de compter des Amendes adjugées par les Officiers du Grenier à Sel de ladite Ville, & qui a été déchargé des repriſes aux Comptes des Traites, par Arreſt du Parlement de Dijon du 15. May dernier,) & que le Procureur Général audit Parlement envoyera au Conſeil les motifs dudit Arreſt, pour iceux vûs, avec la réponſe dudit la Ramiſe, eſtre fait Droit ainſi qu'il appartiendra.

A Paris, Chez PIERRE PRAULT, Imprimeur des Fermes du Roy, Quay de Geſvres, au Paradis & à la Croix Blanche, 1734.

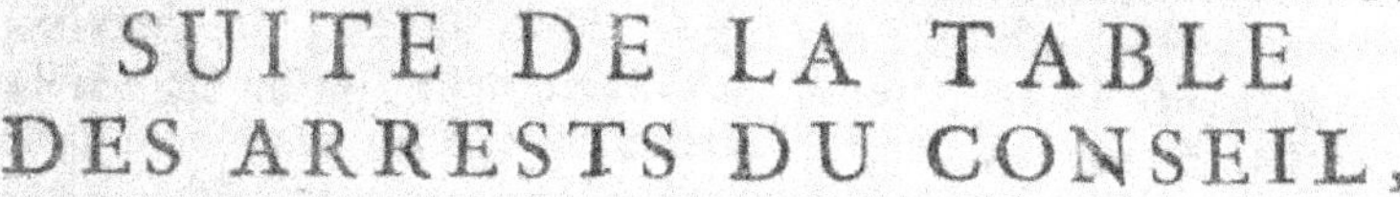

SUITE DE LA TABLE
DES ARRESTS DU CONSEIL,

Concernant les Fermes Royales-Unies, comprises au Bail fait sous le nom de M^e. Pierre Pointeau, donnez pendant les mois de Juillet, Aoust & Septembre 1694.

Du dixiéme Juillet 1694.

ARREST du Conseil d'Estat, Qui ordonne que l'Information commencée par le Senechal de Bourneuf, au sujet de la retraite que David Brethe du Coudray, Commis des Fermes-Unies, a esté obligé de faire de l'Isle de Noirmoutier, pour les violences & menaces que plusieurs Habitans de ladite Isle lui ont faites, à cause de l'Establissement d'un Bureau du Tabac qu'il y a voulu faire, sera continuée & le procés fait aux coupables jusques à Jugement diffinitif, pour le tout vû & rapporté au Conseil, estre ordonné ce qu'il appartiendra.

Du treiziéme Juillet 1694.

Arrest du Conseil, Qui ordonne conformément à l'Edit du mois de May 1691. que les Droits de treize sols six deniers attribuez aux Officiers des Greniers à Sel, seront payez de tous les Sels qui seront effectivement délivrez à leurs Greniers: faisant deffenses ausdits Officiers de les exiger, sous pretexte de certifications qu'ils délivreront aux Privilegiez, pour les faire délivrer ailleurs, à peine de concussion, &c.

Du treiziéme Juillet 1694.

Arrest du Conseil, rendu sur la Requeste de Maistre Pierre

A

Pointeau , Fermier des Fermes Royales-Unies , sur les procés verbaux de ses Commis : contre les Vendeurs de poisson de la Ville & Faux-bourgs de Paris , qui ont malversé dans leurs fonctions , au prejudice des Droits de la Ferme ; Lesquels ont fait assigner lesdits Commis au Parlement , pour éluder la connoissance à la Cour des Aydes du fait en question : Qui ordonne que ladite Requeste sera communiquée ausdits Vendeurs de poisson & aux Marchands de Salines ; pour eux oüis ou leur réponse vüe estre ordonné ce qu'il appartiendra , toutes choses demeurant en état.

Du treiziéme Juillet 1694.

Arrest du Conseil , Qui ordonne que par Maistre Pierre Pointeau , Fermier General des Fermes-Unies , il sera tenu en Surséance à Robert le Gendre , sous Fermier des Bois quarrez & controlle des Bierres de la Ville & Faux-bourgs de Paris , sur le prix de son Bail de l'année commencée au premier Octobre 1693. & qui finira au dernier Septembre prochain la somme de trente mille livres ; laquelle sera pareillement tenuë en Surséance audit Pointeau , sur le prix de son Bail de la même année.

Du treiziéme Juillet 1694.

Arrest du Conseil , Qui ordonne que Maistre Pierre Pointeau , sera tenu de passer dans la dépense des Comptes de Paul Flottes , subrogé au lieu de Florent , Marie du Flot , Procureur de Jean Thiberge , sous-Fermier des Domaines des Generalitez d'Amiens & Soissons , des années 1692. & 1693. le montant des Charges Locales du Domaine d'Amiens , suivant le fonds qui en a esté fait dans les Estats desdites Charges arrestez au Conseil pour lesdites années , en rapportant les Quittances comptables desdites Charges , &c.

Du vingtiéme Juillet 1694.

Arrest du Conseil , Qui ordonne qu'au Jugement du prochain compte qui sera rendu par Maistre Pierre Pointeau , des Gages des Officiers du Parlement & de la Chambre des Comptes de Dijon , les Quittances & les Parties sur lesquelles

elles feront rapportées , feront paffées & alloüées ainfi qu'elles
l'ont efté aux comptes précedens , fans tirer à conféquence :
Et qu'à l'avenir les Quittances qui feront délivrées par les
Payeurs des Gages , au Fermier des Gabelles , feront control-
lées par le Controlleur des Finances de la Generalité de Dijon,
que Sa Majefté a commis à cet effet , & ce tant que les Charges
de Controlleurs des Gages defdites Compagnies feront va-
cantes , &c.

Du vingtiéme Juillet 1694.

Arreft du Confeil , Qui ordonne que par les Officiers du
Grenier à Sel d'Eftampes , & le Commis du Fermier des Gabelles dudit Grenier , il fera délivré à Loüis Gourby , Confeiller , Elû en l'Election de Dourdan , conformément à l'Edit
du mois de Novembre 1689. le demy Minot de Sel de Franc-
Salé à lui attribué par chacun an ; & qu'à cet effet il fera
employé dans les Eftats des Francs-Salez qui feront arreftez
au Confeil , dont Sa Majefté tiendra compte audit Fermier
des Gabelles , ainfi qu'il eft porté par fon Bail.

Du vingtiéme Juillet 1694.

Arreft Contradictoire du Confeil d'Eftat , Qui ordonne que
la Declaration du Roy du dixiéme Avril 1684. fera executée
felon fa forme : Et en conféquence , permet aux Intereffez en
la Compagnie de l'Accadie , de vendre dans le Royaume ,
fans payer autres Droits que ceux du Tarif de 1664. les Caftors
venus l'année derniere & ceux qui leur viendront à l'avenir de
ladite Province de l'Accadie , jufques à la concurrence de deux
mille livres pefant par année ; Et fait deffenfes aux Fermiers
du Domaine d'Occident , de les y troubler.

Du vingt-fept Juillet 1694.

Arreft du Confeil , Qui ordonne qu'à l'avenir à commencer
du premier Octobre 1694. Il fera délivré par chacun an au
Grenier à Sel de Bayeux , la quantité de quinze Minots de
Sel ; Sçavoir, aux Religieufes & Pauvres de l'Hôpital de Bayeux

neuf Minots, & six Minots aux Religieuses & Pauvres de la Charité de ladite Ville ; le tout par conversion & pour leur tenir lieu du Sel blanc qu'ils avoient droit de prendre aux Salines de Neville & Issigny, pour leur provision, en payant quatre livres de chaque Minot de Sel pour le prix Marchand.

Du vingt-sept Juillet 1694.

Arrest du Conseil, Qui permet à ceux qui feront entrer des Chevaux Estrangers dans les Païs de Bresse, Bugey, Valromey & Gex de passer par le Bureau de Loüans, encore que par l'Article III. du Titre trois de l'Ordonnance du mois de Février 1687. l'Entrée n'en soit permise que par les Bureaux de Fontaine-Françoise & Saint Jean de Laune.

Du septiéme Aoust 1694.

Arrest du Conseil d'Estat, Qui permet aux Habitans & Negocians de la Flandre & autres Païs conquis, de faire Sortir de la Chaux, en payant aux Fermiers des cinq grosses Fermes & autres Unies : trente-six sols par chacune Croye, mesure ordinaire de Tournay, jusques à ce que par Sa Majesté il en soit autrement ordonné.

Du dixiéme Aoust 1694.

Arrest du Conseil, Qui ordonne que les Arrests de la Cour des Aydes & du Conseil, des vingt-huit Juin 1686. & trois Juillet 1691. seront executez selon leur forme & teneur ; ce faisant, Enjoint aux Officiers du Grenier à Sel de Soissons & autres de la Ferme Generale des Gabelles, de recevoir à serment, sans frais, les Commis & Préposez de Maistre Pierre Pointeau, pour tirer le Minot, tant à la descente, qu'à la distribution des Sels, à peine de répondre des dommages & interests, &c.

Du dix-sept Aoust 1694.

Arrest Contradictoire du Conseil d'Estat, Qui décharge
Chariere

Chariere & Pointeau ſucceſſivement Fermiers Generaux, &
Pierre Chicot, Sous-Fermier des Droits de Jauge & Courtage
de l'Election d'Arques, de la reſtitution des Sommes par eux
reçûës, pour les Droits de Jauge & Courtage des Eaux-de-
Vie qu'Antoine Bourdon Marchand de la Ville d'Eu a fait
venir en ladite Ville, ſoit en arrivant de Bretagne aux premiers Bureaux établis à cet effet, ſoit à leur Entrée dans
ladite Ville d'Eu : Ordonne que les Arreſts du Conſeil, des
trente un Decembre 1689 & quatorze Novembre 1690. ſeront
executez ſelon leur forme & teneur ; ce faiſant, que leſdits
Droits de Jauge & Courtage ſeront levez conjointement avec
la Subvention aux Entrées, dans les Lieux de la Province de
Normandie où ſe leve ladite Subvention aux Entrées, ſur tous
les Vins, Eaux-de-Vie & autres Boiſſons, generalement, venans
des Païs où le Droit de Gros a cours, ſans préjudice du payement deſdits Droits qui doit eſtre fait à leur Entrée dans les
Païs d'Aydes aux premiers Bureaux, aux termes de l'Arreſt
du Conſeil, du quatre Octobre 1689.

Du dix-ſept Aouſt 1694.

Arreſt du Conſeil, Qui ordonne que Pierre Foſſet de Main-
teüil & autres Proprietaires des Vignes ſituées au Faux-bourg
S. Antoine, ſur le Territoire de Picpus, au-delà des Barrieres
de Recepte dénommées dans l'Article premier du Titre ſix de
l'Entrée du Vin dans la Ville & Faux-bourgs de Paris, de
l'Ordonnance du mois de Juin 1680. ſeront contraints au
payement des Droits d'Entrées des Vins provenus deſdites
Vignes, ſuivant les Inventaires qui en ſeront faits ; nonobſtant l'Arreſt du Conſeil du vingt-trois Mars dernier,
que Sa Majeſté a revoqué, &c.

Du dix-ſept Aouſt 1694.

Arreſt du Conſeil, Qui ordonne, avant faire Droit ſur la
Requeſte de Maiſtre Pierre Pointeau, concernant une Saiſie de
pluſieurs Ouvrages d'Argent faite ſur François Garnier Orfévre
à Paris ; que ladite Requeſte ſera communiquée audit Garnier,

B

concernant une Saisie d'une piece d'Or pesant quatre onces quatre gros & deux onces d'argent, saisie sur Nicolas Meusnier, Compagnon Orfévre à Paris, faute de l'avoir fait marquer, & l'appel d'une Sentence de l'Election, du dix-neuf Mars dernier, qui en a ordonné la confiscation ; portant que avant faire Droit sur icelle, qu'elle sera communiquée audit Meusnier, pour luy oüi ou sa Réponse vûë, dans la huitaine du jour de la signification du present Arrest, estre ordonné ce qu'il appartiendra.

Du vingt-sept Aoust 1694.

Arrest Contradictoire du Conseil Privé, Qui déboute Toussaint Gobert, Marchand du Village de Kain, Chastellenie d'Ath en Flandres, de l'appel par lui interjetté de la Sentence renduë par le Juge des Traites au Département de Tournay, du douze Aoust 1693. qui confisque six Tonnes de Sucres pesant 4026. livres, du Caffé pesant 100. livres, & un paquet de feüilles de Sené pesant 40. livres qu'il avoit fait passer en fraude, le condamne en 200. livres d'amende & aux dépens ; ordonne que ladite Sentence & tout ce qui s'en est ensuivy sera executée selon sa forme & teneur, & le condamne aux dépens dudit appel.

Du trente-un Aoust 1694.

Arrest du Conseil, sur la Requeste de Maistre Pierre Pointeau, concernant une amende de douze livres consignée par René Plagné, dit Desbrosses, tendante à faire casser & annuller, deux Arrests des Requestes de l'Hostel, des vingt-un Juin & trois Aoust dernier, qui ont condamné le Receveur des amendes à la luy rendre & par corps : qui ordonne que ladite Requeste sera communiquée audit Plagné, pour y fournir de Reponse dans huitaine, dans lequel tems le Procureur General desdites Requestes de l'Hostel envoyera au Conseil, les motifs sur lesquels sont intervenus lesdits Arrests, pour iceux vûs estre ordonné par Sa Majesté ce qu'il appartiendra.

TABLE.

Du quinziéme Septembre 1694.

Arreſt du Conſeil, Qui ordonne, conformément à la Réponſe faite à l'Article IV. du cahier des Eſtats de la Province
de Languedoc, ſur la demande faite par les Eſtats de ladite
Province, de décharger les Etoffes de Soyes qui ſe font en
icelle, d'une partie des Droits qui ſe payent à Lyon, qui ſont
établis ſur les Etoffes de Soyes des Païs Eſtrangers; Que ladite
demande ſera communiquée aux Prevoſt des Marchands &
Eſchevins de la Ville de Lyon, & au Fermier des cinq groſſes
Fermes, pour leur réponſe vûë eſtre ordonné ce qu'il appartiendra: Et que par le Sieur de Baſville, Intendant de Juſtice
en ladite Province, il ſera dreſſé procés verbal de la qualité
des Etoffes de Soyes qui ſe fabriquent en Languedoc, pour y
avoir tel égard qu'il ſera eſtimé à propos.

Du quinziéme Septembre 1694.

Arreſt du Conſeil, Qui ordonne (ſur la demande des
Marchands de Languedoc, qu'il leur ſoit permis de faire paſſer
leurs Taffetas qu'ils envoyent à Paris, par les Bureaux de Vi-
chy & Gannat, en payant les Droits reglez par les Tarifs) conformément à la réponſe faite à l'Article V. du cahier des
Eſtats de la Province de Languedoc, que ladite demande ſera
communiquée aux Prevoſt des Marchands & Eſchevins de la
Ville de Lyon, & au Fermier des cinq groſſes Fermes, pour
leur réponſe vûë eſtre ordonné ce que de raiſon.

Du vingt-un Septembre 1694.

Arreſt Contradictoire du Conſeil d'Eſtat, par lequel ſans
s'arreſter à l'Arreſt de la Cour des Aydes, du treize Aouſt
dernier, que Sa Majeſté a caſſé & tout ce qui pourroit s'en eſtre
enſuivi, Elle évoque à ſoy & à ſon Conſeil, le procez pendant
entre Maiſtre Pierre Pointeau, Fermier des Fermes-Unies:
& Nicolas Meuſnier, Compagnon Orfévre, Appellant d'une
Sentence des Elûs de Paris, du dix-neuf Mars précedent,

C

qui a confisqué une ouvrage d'Or du poids de quatre onces
quatre Gros, au profit dudit Fermier ; faisant Droit sur l'E-
vocation, déclare ledit ouvrage confisqué, & ordonne que
par le Greffier de la Cour des Aydes & autres Dépositaires,
il sera remis és mains dudit Pointeau, à quoy faire contraint, &c.

Du vingt-huit Septembre 1694.

Arrest du Conseil, Qui ordonne que l'Article XVII. du
Titre deux de l'Ordonnance des cinq grosses Fermes de 1687.
sera executé selon sa forme & teneur ; & en consequence que
huitaine aprés la publication & affiche du present Arrest dans
la Ville & Territoire de Clisson, les Marchands & Voituriers
sortans des Provinces des cinq grosses Fermes, pour entrer en
Bretagne, & passans par la route de Clisson, seront obligez
sous peine de cent livres d'amende, d'arrester au Bureau établi en ladite Ville d'y representer leurs acquits des Bureaux
où ils auront payé les Droits de sortie, & les laisser au Commis, qui leur expediera des Brevets de Controlle, sans frais
ny Droits, &c.

SUITE DE LA TABLE DES DECLARATION

du Roy, & Arrests du Conseil, Concernant les Fermes Royales-Unies, comprises au Bail fait sous le nom de de Mᶜ Pierre Pointeau, donnez pendant les mois d'Octobre, Novembre & Decembre 1694.

Du deuxiéme Octobre 1694.

DECLARATION du Roy, Qui dispense les Enfans & Parens des Fermiers Generaux, lesquels sont pourvûs de Charges de Judicature, és Cours des Aydes, des Recusations & Evocations portées par les Ordonnances des mois d'Avril 1667. & Aoust 1669.

Du douze Octobre 1694.

Arrest du Conseil d'Estat, Qui commet Mᶜ Jean Bloquet, President & Lieutenant-Criminel en l'Election & Grenier à Sel de Neuf-Chastel, pour exercer à Aumalle, la Jurisdiction des Gabelles dans tout le ressort du Grenier à Sel de ladite Ville, suivant les Ordonnances & Reglemens, sauf l'Appel en la Cour des Aydes de Paris.

Du douze Octobre 1694.

Arrest du Conseil d'Estat, Qui Ordonne que le Procès criminel commencé par le Lieutenant General des Gabelles de Languedoc, en la Prevôté de S. Flour étably en la Ville de Murat, contre le nommé du Vivier, ses deux fils & le nommé la Coste, pour raison de l'homicide par eux commis en la personne de Jean Gaydon, Garde des Gabelles, sera fait & continué aux coupables par ledit Lieutenant General, avec les Graduez par luy appellez au nombre porté par les Ordonnances, le Procureur de Sa Majesté en ladite Jurisdiction joint, jusqu'à Sentence diffinitive inclusivement, sauf l'Appel en la Cour des Aydes de Clermont-Ferrand.

Du seize Octobre 1694.

Arrest du Conseil, Qui Ordonne que dans quinzaine du jour de la Signification du present Arrest, les Passagers & Peagers des Bacs qui traversent les Rivieres de Loire & de Lignon en Forêts, pour conduire à Cervieres, representeront pardevant Monsieur d'Herbigny, Intendant en Lionnois, les Pancartes &

Titres en vertu desquels ils prétendent lever des Droits sur les Mulets chargez de Sel pour le fourniffement du Grenier de Cervieres, dont fera dreffé Procès verbal contradictoire avec le Commis de de M. Pierre Pointeau Fermier General des Gabelles ; Pour iceluy envoyé au Confeil par ledit Sieur d'Herbigny avec fon avis, être Ordonné ce qu'il appartiendra : Et cependant fait Sa Majefté deffenfes aufdits Peagers & Paffagers, d'exiger aucuns droits fur lefdits Mulets chargez de Sel, ny d'en retarder le Paffage, à peine de Concuffion, & de tous dépens, dommages & interêts.

Du dix-neuf Octobre 1694.

Arreft du Confeil, Qui Ordonne que par Monfieur de Seraucourt, Intendant en la Generalité de Bourges, il fera informé des faits contenus au Procés verbal dreffé par le Lieutenant & Gardes de la Brigade établie à Argenton le 11. Septembre dernier : Contre le Sieur Belou, Capitaine au Regiment de Nice, qui conduifoit plufieurs Soldats faits prifonniers en Catalogne ; Par lequel il paroift que ladite Brigade ayant faifi un Porte-Manteau, il s'y eft trouvé deux Boiffeaux de Sel qui ont efté confifquez & mis dans le Bureau, où ledit Belou feroit venu avec plufieurs autres Officiers & Soldats, & auroit emporté de force & violence ledit Porte-Manteau & le Sel, pour le joindre à trois autres charges qu'on prétend qu'ils ont fait paffer dans le gros de leurs Soldats ; pour l'Information envoyée & raportée au Confeil, eftre Ordonné ce qu'il appartiendra.

Du dix neuf Octobre 1694.

Arreft du Confeil, Qui Ordonne fans s'arrêter aux Arrêts de la Cour des Aydes & Finances de Montpellier, des trois, dix & vingt Septembre dernier, ny à tout ce qui peut s'en être enfuivy ; Que la Procedure faite contre Pierre Gaillard, Receveur au Bureau de la Foraine de Montpellier, pour raifon du divertiffement par luy fait des deniers de fa Recette, à la Requefte de Me Pierre Pointeau, pardevant le Maître des Ports de ladite Ville, fera remife dans le Greffe dudit Maître des Ports, attendu qu'il a compofé avec ledit Gaillard & fa femme : Et fait deffenfes à Marguerite Gaillard fa fœur, & tous autres de fe fervir de ladite Procedure contre ledit Pierre Gaillard, pour raifon de ce, à peine, &c.

Du dix-neuf Octobre 1694.

Arreft du Confeil, Qui Ordonne que par Monfieur de Seraucourt, Intendant en la Generalité de Bourges, il fera informé des faits contenus au Procès verbal du Brigadier & des Gardes

des Gabelles établis à Chasteauroux , du 21. Septembre dernier :
Concernant la violence faite contr'eux par les Gentilshommes de
l'arriere-Ban de Nivernois , dont l'Escadron étoit chargé de Sel ,
pour l'Information envoyée , vûë & raporté au Conseil , estre
Ordonné ce qu'il appartiendra.

Du vingt-trois Octobre 1694.

Arrest du Conseil , Qui Ordonne que par Monsieur de Seraucourt , Intendant en la Generalité de Bourges , il sera informé
du contenu au Procés verbal dressé par le Capitaine & Garde de
la Brigade établie à Aigurande , le 22. Septembre dernier ; au sujet du refus fait par le Ban de la Noblesse de Bourgogne , passant par ladite Ville , de la Visite de dix Chevaux chargez de Sel,
escortez par un Cornette & plusieurs autres Gentilshommes , lesquels auroient forcé ladite Brigade de se retirer ; pour l'Information envoyée , vûë & rapporté au Conseil , estre Ordonné ce
qu'il appartiendra.

Du vingt-trois Novembre 1694.

Arrest du Conseil , Qui accorde 14. Muids six Septiers deux minots de diminution , sur l'Impôt du Sel fait sur les Paroisses des
Greniers à Sel d'Issoudun , Buzançois, la Chastre & Chambre
d'Argenton pour l'année 1695. Sçavoir , Trois Muids huit Septiers dix minots , sur les Paroisses du Grenier à Sel d'Issoudun ;
Quatre muids trois septiers , sur celles du Grenier à Sel de Buzançois ; Trois muids neuf septiers , sur celles du Grenier à Sel de la
Chastre ; Et deux muids dix septiers , sur les Paroisses dépendantes
de la Chambre d'Argenton : Desquelles diminutions , il sera arrêté un Etat de Répartition par Monsieur de Seraucourt , Intendant en la Generalité de Bourges , pour estre par luy envoyé au
Conseil.

Du sept Decembre 1694.

Arrest du Conseil , sur la Requeste de Pierre Pointeau ; Contre
les Habitans de la Ville de Sedan ; concernant la Décharge accordée par l'Edit du mois de Septembre 1664. de la moitié des
Droits de Sortie , sur les Marchandises & Denrées qu'ils font sortir du destroit des Cinq grosses Fermes , & entrer dans ladite Ville
pour leur consommation ; Et de ne payer pour la sortie d'une piéce
de Vin Jauge de Champagne , que quarante-sept sols trois deniers,
en consequence d'un Arrest du Conseil du sixiéme May 1681. par
eux obtenu du consentement de Claude Boutet : Qui renvoye le-

dit Pointeau (avant faire droit fur fa Requefte) devant Monfieur Larcher , Intendant en Champagne , qui dreffera Procés verbal, fes dires & conteftations ; pour le tout vû & raporté au Confeil avec fon Avis , être fait droit ainfi qu'il appartiendra.

Du *quatorze Decembre* 1694.

Arreft du Confeil , Qui Ordonne qu'en attendant la Vente des Offices créez par Edit du mois d'Octobre dernier , dans les Greniers à Sel dépendans de la Ferme generale des Gabelles de France ; Me Nicolas Michault joüira des Vingt fols d'Augmentation ordonnez eftre levez par ledit Edit , fur chacun Minot de Sel qui fera vendu & diftribué par Impôt , Vente volontaire , Privilege & Gratification , pour le fonds des Gages & Droits manuels attribuez aufdits Offices , &c.

Du *quatorze Decembre* 1694.

Arreft du Confeil , Qui Ordonne que fur la Requête de M. Pierre Pointeau , la Procedure criminelle commencée par le Prevôt des Bandes , contre des Soldats aux Gardes qui ont affafiné Pierre Gary , Sous-Brigadier des Gardes des Entrées du Fauxbourg S. Jacques , qui vouloient faire entrer de la Viande fans payer les Droits , fera par luy continuée , & le Procès fait & parfait aux Coupables en dernier reffort , fuivant la rigueur des Ordonnances : Et fait deffenfes au Procureur du Roy & Officiers de l'Election de Paris , de faire aucune procedure pour raifon de ce , à peine de nullité ; Et que les Informations faites par lefdits Officiers feront portées au Greffe dudit Prevôt , à ce faire le Greffier de ladite Election contraint , &c.

Du *vingt-un Decembre* 1694.

Arreft du Confeil , Qui ordonne , fans avoir égard au Jugement du Sieur de Coction , Confeiller au Parlement de Bretagne , ny à la Sentence du Sénéchal de Redon , que Sa Majefté a caffez & annullez ; Que les Religieux de l'Abbaye de Redon fituez dans ladite Province , rapporteront au Confeil les Titres de leur prétendue Exemption des droits de Ports & Havres , fur les trois cens Muids de Sel par an , qu'ils prétendent commercer ; Pour iceux vûs eftre Ordonné ce qu'il appartiendra : Et cependant Ordonne que lefdits Droits feront payez comme pour Deniers Royaux , fauf à repeter , s'il eft ainfi jugé , après la Reprefentation defdits Titres.

SUITE DE LA TABLE

DES Arrefts du Confeil, Concernant les Fermes Royales Unies, comprifes au Bail fait fous le nom de Me. Pierre Pointeau, donnez pendant les mois de Janvier, Février & Mars 1695.

Du 11. Janvier 1695.

ARREST du Confeil d'Eftat du Roy, Portant que par Monfieur Ferrand, Intendant de Juftice Police & Finances en Bourgogne, il fera informé de la fouftraction de Vente de dix Minots de Sel, au Fermier du Regrat, par les Officiers & Commis à la Recette du Grenier de Dijon, le dernier Decembre dernier, fans les Enregiftrer fur aucun de leurs Regiftres, & le Procez fait & inftruit aux coupables jufques à jugement deffinitif, pour le tout envoyé, vû & Raporté au Confeil, être ordonné ce qu'il appartiendra.

Du 11. Janvier 1695.

Arreft du Confeil d'Etat, Qui ordonne que la Procedure Criminelle commencée par le Prevoft des Bandes, contre des Soldats aux Gardes Françoifes, leurs complices & vagabonds, qui ont commis en fraude des Droits des Fermes, des violences & voyes de fait contre les Commis & Gardes du Bureau & de la Brigade S. Antoine à Paris, fera par luy continuée, & le Procez fait aux Coupables en dernier reffort : Fait deffenfes au Lieutenant Criminel & au Procureur du Roy du Chaftelet, de faire aucunes pourfuites ny Procedures pour raifon de ce, aux peines y portées ; Et que les Plaintes, Charges & informations faites pardevant ledit Lieutenant Criminel, feront apportées au Greffe dudit Prevoft dans trois jours, à ce faire le Greffier dudit Chaftelet contraint par Corps, &c.

A

*

Du 22. Janvier 1695.

Arreſt du Conſeil d'Eſtat , qui ordonne que les Sous-Fermiers des Domaines , rendront compte d'année en année à Maiſtre Pierre Pointeau , trois mois après chacune d'icelle eſcheuë , ſur leſquels ils rapporteront les Quittances des Receveurs Generaux , tant pour les Charges Locales , que pour les reparations & frais de Juſtice : Et leur fait défenſes d'employer dans leurs Comptes , aucunes dépenſes pour indemnitez de non joüiſſance ou autres extraordinaires , s'il n'eſt raporté Arreſt du Conſeil ; Et décharge ledit Pointeau , des proteſtations deſdits Sous-Fermiers , pour les Radiations qu'il aura faites eſdits Comptes , ſauf à eux à ſe pourvoir audit Conſeil , &c.

Du 25. Janvier 1695.

Arreſt du Conſeil d'Eſtat , qui permet à Maiſtre Pierre Pointeau , de mettre en vente la maſſe de cent ſoixante Muids de Sel emplacez dans le Grenier de l'Elefant , en la Ville de Paris , pour cette fois ſeulement , ſans tirer à conſequence , nonobſtant qu'il y ait une Maſſe en vente dans un autre Grenier.

Du 25. Janvier 1695.

Arreſt du Conſeil d'Eſtat , qui ordonne , ſans avoir égard à tout ce qui pourroit avoir eſté fait par les Officiers du Grenier à Sel d'Ingrande , contre onze Dragons faiſant leur reſidence à Angers , qui ont emporté ſur la route de Bretagne , douze Faix de Sel conduits par le nommé Piſaucourt , du Faux-bourg de Breſſigny de ladite Ville , que l'inſtruction ſera faite par les Officiers du Grenier à Sel d'Angers , contre ledit Piſaucourt & ſes Complices , ſuivant la rigueur de l'Ordonance , leur en attribuant à cet effet toute Cour & Juriſdiction privativement à tous autres Juges , auſquels Sa Majeſté fait défenſe d'en prendre connoiſſance , à peine de nullité , &c.

Du 25. Janvier 1695.

Arreſt du Conſeil d'Eſtat , qui ordonne que les Sieurs Intendans & Commissaires départis dans les Provinces & Generalitez du Royaume, continuëront pendant une année à commencer au premier Janvier 1695. à connoître de toutes les difficultez qui pourroient naître entre les ouvriers Chapeliers, & les Commis préposez pour l'apposition de la Marque & pour la perception du Droit sur lesdits Chapeaux, conformément à l'Edit du mois d'Avril 1690. Sa Majesté leur en attribuant à cette fin toute Cour, Jurisdiction & connoissance, icelle interdisant à toutes ses Cours & autres Juges.

neral des Fermes-Unies, Antoine Roüen Fermier des Droits sur les Papier & Parchemin Timbré de la Generalité de Tours; Et Leonard Joulteux, Sergent Royal à Bourgüeil (receu par Arrest de la Cour des Aydes du six May 1693. Appellant d'une Sentence des Esleus de Saumur, du dix-sept Avril precedent, qui le condamne en cent livres d'amende, pour contravention par lui faite à la Déclaration du Roy du vingt-trois Juin 1691. sur le fait des formules & autres faits) pour y proceder suivant les derniers erremens.

Du 5. Mars 1695.

Arrest du Conseil d'Estat, qui ordonne, conformément à l'Ordonnance de 1681. Que les informations commencées par les Officiers du Grenier à Sel de Saumur, contre les Voituriers des Sels chargez pour le fournissement des Greniers de la riviere de Loire, qui ont commercé du Sel avec les habitans des Ponts & des Fauxbourgs d'icelle, & des Dragons, de la Garnison de ladite Ville, seront par eux continuez jusques à Sentence diffinitive inclusivement, sauf l'Appel en la Cour des Aydes, & fait défenses aux Juges de la Prevôté de Saumur, & à tous autres d'en connoître, &c.

Du 8. Mars 1695.

Arrest du Conseil d'Estat, qui ordonne que faute par les Srs Chalmette, Goujon, Dancerville, Champeron, & Beaujour, cautions du Sous-Bail des Aydes & Droits y joints, Papier & Parchemin Timbrez de la Generalité d'Allençon & département de Loügny de payer la somme de cent cinquante-huit mil deux cent quatre-vingt-treize livres onze sols, dont ils se sont trouvez redevables au dernier Février dernier, ils y seront contraints, ensemble au payement de la surcéance portée par l'Arrest du Conseil, du treize Mars 1694. Que ladite Ferme sera publiée à leur Folle Enchere; Qu'il sera établi des Controlleurs aux Recettes de ladite Ferme, & que les Receveurs d'icelle seront contraints de vuider leurs mains en celles de Maistre Pierre Pointeau ou de ses préposez, &c.

Du 8. Mars 1695.

Arrest du Conseil d'Estat, qui décharge Charles Jaunay,

Commis au Bureau General du Tabac de la Ville de Saumur, du payement des sommes pour lesquelles il a été compris dans les Rôlles arrêtez par les Maire, Eschevins & Collecteurs de ladite Ville, tant pour la décharge du rachapt des Droits Seigneuriaux, que pour l'ustancille, fait défenses de faire aucunes poursuites contre lui pour raison de ce ; Et ordonne que ce qu'il aura payé lui sera rendu, &c.

Du 8. Mars 1695.

Arrest du Conseil d'Estat, rendu contre les nommez Fouque & Picard Priseur de Vins de la Ville de Roüen, qui ont fait condamner le Fermier par Sentence des Esleus de Roüen, du cinq Août 1693. confirmée par Arrest de la Cour des Aydes de Roüen du vingt-neuf Novembre 1694. à leur payer par an deux cens livres de prétendus Gages, pour leur frais des rapports & certificats, contenant les prisées des Vins par eux faites, Qui ordonne que la Requeste dudit Fermier leur sera communiquée, pour eux oüis & leur réponse vûë, être ordonné ce qu'il appartiendra ; Enjoint au Procureur General de ladite Cour des Aydes de Roüen, d'envoyer au Conseil les motifs dudit Arrest ; Et fait défenses de mettre la Sentence desdits Esleus à execution, &c.

Du 8. Mars 1695.

Arrest Contradictoire du Conseil d'Estat, qui ordonne (en expliquant les Lettres Patentes de Sa Majesté, des mois de Mars 1669. Février 1673. Septembre 1681. & l'Arrest du Conseil, du troisiéme Octobre 1690. concernant les privileges accordez aux Habitans de Rochefort) les Droits qui seront païez pour les Marchandises & Denrées qui entreront & sortiront dans le Bourg & Paroisse de Rochefort, tant par Mer & Riviere, que par Terre, &c.

Du 26. Mars 1695.

Arrest du Conseil d'Estat du Roy, qui permet pendant un an, à commencer du premier Avril prochain, de faire passer debout & sans entrepost, jusqu'à Bayonne, & delà en Espagne, des Toilles, des Chapeaux de Castors, & des Dentelles de Soyes :

En faisant declaration de la quantité & qualité, au premier Bureau des cinq grosses Fermes de la Route ; où ils ne payeront autres ny plus grands Droits que ceux qu'ils auroient payé, pour les faire sortir par Mer hors du Royaume, &c.

Du 26. Janvier 1695.

Arrest du Conseil d'Estat, qui ordonne à commencer du premier Avril prochain, qu'il sera fait mention dans les Passeports qui seront expediez aux Officiers & autres, pour faire entrer des Chevaux dans le Royaume, du temps pendant lequels ils pourront les faire entrer, & le nombre d'iceux ; Passé lequel Sa Majesté fait défenses à Me Pierre Pointeau, ses Procureurs & Commis d'y avoir aucun égard : Et leur permet de saisir & arrester le nombre de Chevaux necessaire, pour payer les Droits d'entrées desdits Chevaux ; En cas de refus par les Officiers & Conducteurs, de laisser l'Original du Passeport au Receveur du premier Bureau de l'Entrée, &c.

Du 29. Mars 1695.

Arrest du Conseil d'Estat, qui ordonne que le prix du Sel des Marais des Isles de Boüin, Bourgneuf & autres de la Province de Bretagne, demeurera fixé à vingt livres la charge, exempte de Dixme : Fait déffenses aux Habitans desdites Isles, Marchands ou Patrons de Barques, d'enlever aucuns Sels desdits Marais, sans le congé par écrit des Commis & Préposez de Me Pierre Pointeau, qui prendront par préference les Sels necessaires pour le fournissement des déposts de Nantes audit prix, sur les peines y portées, de punition corporelle en cas de récidive, & d'être procedé contre ceux qui feront afficher des Placards contre lesdits Commis, que Sa Majesté a mis sous la Protection & Sauvegarde desdits Habitans, &c.

SUITE DE LA TABLE

DES Arrests du Conseil, Concernant les Fermes Royales-Unies, comprises au Bail fait sous le nom de Maistre Pierre Pointeau, donnez pendant les mois d'Avril, May & Juin 1695.

Du 19. Avril 1695.

ARREST du Conseil d'Estat, sur la Requeste de Me Pierre Pointeau, Fermier general des Gabelles, au sujet du Faux-Saunage commis par les Cavaliers du Regiment d'Obterre, en quartier d'hyver à Chastillon, sur la frontiere de Touraine & du Poitou: Qui ordonne que par Mr de Mirosmenil, Commissaire départy en la Generalité de Tours, il sera informé du contenu en ladite Requeste, pour l'information envoyée, vûë & raportée au Conseil, être ordonné ce qu'il appartiendra.

Du 19. Avril 1695.

Arrest du Conseil d'Estat, sur la Requeste de Maistre Pierre Pointeau, contre plusieurs Gentilhommes des Frontieres de Poitou & du Limosin, qui ont traversé la Regie & Perception des Droits de Traite, battu & excedé les Gardes des Fermes de la Brigade de Vaire : Qui ordonne que par le Sieur de la Bourdonnaye, Commissaire départi en la Generalité de Poitiers, il sera informé du contenu en ladite Requeste, & le procez fait aux coupables & complices jusqu'à jugement diffinitif, pour le tout envoyé, vû & rapporté au Conseil, estre ordonné ce qu'il appartiendra.

Du 19. Avril 1695.

Arrest contradictoire du Conseil d'Estat, qui ordonne sans s'arrêter à l'Arrest du Parlement du vingt-cinq Février dernier, & à la Sentence de Elûs de Paris du vingt-huit dudit mois, ni à tout ce qui s'en est ensuivi : Que les Cabaretiers de Villejuif, continueront le commerce & debit de leurs Vins en la maniere accoûtumée, même les Festes & Dimanches, hors les heures du service Divin ; & fait défenses aux Officiers de la Justice dudit lieu de les troubler , à peine de tous dépens , dommages & interests.

Du 19. Avril 1695.

Arrest du Conseil d'Estat, qui évoque à soy la demande faite à la Cour des Aydes, par le nommé Firmin , Sous-Fermier des Droits de marque sur le Fer & Acier en Lyonnois, contre les nommez Stainville & Montagne successivement Sous-Fermiers des Aydes de la Generalité de Lyon : Et décharge Pointeau, & Charriere son Predecesseur de l'assignation qui leur a été donnée en ladite Cour ; A la Requeste desdits Stainville & Montagne (tendante à prendre leur fait & cause & faire cesser les demandes & prétentions dudit Firmin) & fait défenses de proceder ailleurs qu'au Conseil.

Du 23. Avril 1695.

Arrest du Conseil d'Estat, qui ordonne que faute par les Srs Ruault , Dancerville , Beaujour , Chalmet , Goujon, Adine & Champeron, Cautions du Bail des Aydes de la Generalité d'Alençon , & Département de Lougny de payer dans huitaine du jour de la signification du present Arrest, la somme de deux cens deux mille trois cens quatre-vingt-livres un sol huit deniers par eux dûë du prix de leur Ferme, ils y seront contrains; ensemble au payement de celle de quatre-vingt-onze mil cent quarante livres , tenuë en surceance sur le payement du prix dudit Bail de l'année 1694. Et qu'en consequence ladite Ferme sera publiée à leur Folle-enchere, & adjugée au plus offrant & dernier encherisseur ; Que lesdites Cautions seront contraintes au payement du prix de ladite folle-Enchere, & que par Maistre Pierre Pointeau, il sera étably des Controlleurs aux Recettes de ladite Ferme , & les Receveurs d'icelle contraints de vuider leurs mains en celle dudit Pointeau, &c.

Du 23. Avril 1695.

Arrest du Conseil d'Estat , qui agrée le Sr Jean François de la Porte , & le subroge au lieu du Sr de la Porte son pere , pour remplir la place d'interessé aux Fermes-unies, tant pour la Regie desdites Fermes, sous le nom de Pointeau, que pour les Comptes à rendre des vivres de la Marine, fous le nom de Domergue, à l'effet de quoy il affiftera à toutes les Affemblées qui fe feront comme les autres intereffez ; A la charge de laiffer fuivant fes offres le fonds qu'il a dans ladite Ferme, pour la garantie des évenemens & pour la feureté des Claufes de la Societé, &c.

Du 27. Avril 1695.

*   Arreft du Confeil d'Eftat, qui permet jufqu'au premier May de l'année prochaine 1696. de faire paffer débout & fans entre-poft, jufqu'à Marfeille, des Toilles, des Chapeaux de Caftor à l'Efpagnolle, & des Dentelles de Soye ; en faifant declaration de la quantité & qualité au premier Bureau de la route, où ils ne payeront autres ni plus grands Droits que ceux qu'ils auroient payez pour les faire fortir hors du Royaume par Mer.

Du 27. Avril 1695.

*   Arreft du Confeil d'Eftat, qui ordonne que les Laines d'Efpa-gne deftinées pour les Provinces de l'étenduë des cinq groffes Fermes, venant par terre par Bayonne où par Bordeaux, durant la prefente année, ne payeront pour tous Droits d'Entrée que ceux portez par le Tarif de 1664. de même que fi elles étoient venuës à droiture par Roüen ou autresPorts fujets aux cinq groffes Fermes.

Du 28. Avril 1695.

Arreft du Confeil d'Eftat, Qui ordonne que faute par les Srs Rafle, de Jean, Hubert, Thevenin, de Merolles & autres Cautions du Sous-Bail des Aydes de Bourges & Moulins, de payer dans la huitaine du jour de la fignification du prefent Arreft, la fomme de cent quatre-vingt fix mil cent quarante cinq livres treize fols quatre deniers, par eux deuë du prix de leur Ferme, ils y feront contraints ; enfemble au payement de la fomme de deux cens mil livres tenuë en furceance fur l'année 1694. Et qu'en confequence ladite Ferme fera publiée à leur folle-Enche-re & adjugée au plus offrant & dernier encheriffeur : Que lefdites Cautions feront contraintes au payement du prix de ladite folle-Enchere, & que par Me Pierre Pointeau, il fera étably des Controlleurs aux Recettes de ladite Ferme, & que les Rece-veurs d'icelle feront contraints à vuider leurs mains en celles dudit Pointeau, &c.

A ij

TABLE.

mencer du premier Juillet prochain les Castors seront receus au Bureau des Fermes à Quebec, sur trois sortes & qualitez seulement, qui seront payez en la maniere accoûtumée par Pointeau ou ses Commis; Sçavoir le Castor gras & veule ou demy gras, cinq livres cinq sols la livre, poids de marc; Le Castor gras d'Esté & Mitaines, deux livres douze sols six deniers; Et le Castor sec d'hyver & de Moscovie, trois livres cinq sols. Que le nombre de vingt-cinq Congez que Sa Majesté a permis être délivrez pour la Traite avec les Sauvages, ne pourra être augmenté, & qu'ils seront Enregistrez audit Bureau à Quebec: Et enjoint au Sr Comte de Fontenac, Gouverneur & Lieutenant General de la France Septentrionale, & au Sr. de Champigny, Intendant de la Justice, Police & Finance audit Pays, de tenir la main à l'execution du present Arrest, &c.

Du dernier May 1695.

Arrest du Conseil d'Estat du Roy, qui ordonne que le Titre cinq de l'exercice des Commis de l'Ordonnance du mois de Juin 1680. & l'Arrest du Conseil, du 30. Juillet 1689. seront executez: Et en consequence, que les Commis aux exercices dans l'étenduë de la Ferme Generale des Aydes, qui rendront des Procez verbaux des Vins & boissons vendus en frande, ne seront tenus à autres formalitez qu'à celles prescrites par ledit Titre; Qu'ils continueront à faire la degustation & confrontation des Vins & boissons, sans prendre ni porter aux Greffes des Elections aucuns Eschantillons, ni appeller des Juges, Experts, Gourmets ni autres; Et que foy sera ajoûtée audits Procez verbaux, &c. Et Lettres Patentes du Roy, du 19. Juillet en suivant pour l'Enregistrement & execution dudit Arrest. *Registrée en la Cour des Aydes.*

Du 7. Juin 1695.

Arrest contradict. du Conseil d'Estat, qui ordonne que l'Arrest dud. Conseil du 8. Mars dernier sera executé: Et en consequence, décharge les Marchands habitans dans la Ville de Dieppe, de donner des declarations des marchandises qu'ils feront entrer dans ladite Ville, venans des Pays étrangers où des Provinces reputées étrangeres; Et seront tenus seulement conformément audit Arrest, de donner des declarations à la sortie, des marchandises qu'ils envoyeront dans les Pays étrangers où Provin-

ces reputées étrangeres, ou de celles qu'ils feront sortir de la
Ville de Dieppe, venans desdits Pays étrangers ou Provinces reputées étrangeres, pour être distribuées dans le Royaume, &c.

*

Du 14. *Juin* 1695.

Arrest du Conseil, qui fait très-expresses défenses aux Officiers de l'Election de Caën & à tous autres Officiers des Greniers
à Sel de la Ferme Generale des Gabelles de France, de moderer
à l'advenir à l'amende de deux cens livres, portée par l'Article
XVI. du Titre XVII. de l'Ordonnance des Gabelles de 1680.
conformément & sur les peines portées par les Arrests du Conseil
des trois Avril 1691. & septiéme Avril 1693. qui seront executez : Et que le present Arrest sera, leu, publié & Enregistré aux
Greffes desdits Greniers, &c.

Du 14. *Juin* 1695.

Arrest du Conseil, qui ordonne que les Greffiers des Greniers
à Sel non Unis aux Elections, seront payez par Me Pierre Pointeau, ou par les Receveurs & Commis aux Recettes des Greniers,
de leurs Gages ordinaires pour l'année 1695. sans aucun retran-
chement ; Nonobstant celui fait par erreur dans l'état des Gabelles arrêté pour ladite année, & ce sur leurs simples Quittances, qui seront passées en dépense, dans les Estats & comptes, &
lesdits Fermiers, Receveurs & Commis tenus d'autant quittes &
déchargez, &c.

Du 14. *Juin* 1695.

Arrest contradictoire du Conseil d'Estat, qui ordonne que la
demande de Me Pierre Pointeau, en cassation des Arrests du
Parlement de Paris, des trente-un Juillet 1693. & quatorze May
1694. (en ce qu'ils ordonnent que les marchandises de Poisson
premieres arrivées aux Halles à Paris, seront les premieres venduës : Qu'au surplus ils seront executez) demeurera convertie
en Opposition, & en consequence renvoye les Parties au Parlement, pour leur être fait Droit, ainsi qu'il appartiendra..

Du 14. *Juin* 1695.

Arrest du Conseil, qui ordonne que faute par les Cautions
du Sous-Bail des Aydes de Senlis, Compiegne, Beauvais &

Meaux, d'avoir payé la somme de cent cinquante-quatre mil quatre cens trente trois livres dix sols huit deniers. Et par les Cautions du Sous-Bail des Aydes des Generalitez de Soiſſons & Tours, celle de quatre cens treize-ſix mil huit cens dix-neuf livres deux ſols huit deniers, leſdites Sous-Fermes ſeront publiées à leur folle-Enchere, & qu'ils ſeront contraints par toutes voyes aux payemens de termes eſcheus, & des Surceances à eux accordées ſur le prix de leurs Baux de l'année 1694. &c.

Du 14. Juin 1695.

Arreſt du Conſeil, qui ordonne que l'Arreſt dudit Conſeil du dix-ſept Mars 1693. ſera executé : Et en conſequence que Me Pierre Pointeau, ſes Procureurs & Commis, ſeront tenus de païer les Droits deûs pour le Sel de toutes les Sentences & Jugemens rendus à leur profit, dans les Greniers à Sel d'Angers, dont ils ont requis l'execution directement ou indirectement, & qu'à ce faire ils ſeront contraints ; Et fait défenſes aux Greffiers de contrevenir audit Arreſt, ſous les peines, &c.

Du 18. Juin 1695.

Arreſt du Conſeil, qui décharge Me Pierre Pointeau, de la ſomme de cinquante livres, à laquelle il a été condamné par une Ordonnance de Mr Larcher, Intendant en Champagne, en date du 14. Février dernier, pour dommages, interêts & dépens, par laquelle le nommé Gicourt, Fermier des Domaines de la Generalité de Metz, eſt maintenu en poſſeſſion du paſſage de Vadelincourt pretendu par ledit Pointeau, &c.

Du 21. Juin 1695.

Arreſt du Conſeil d'Etat du Roy, qui ordonne que les Marchands de la Flandre Françoiſe, payeront ſeulement trois livres pour chacun cent peſant de Beures qu'ils feront venir des Pays étrangers, pour y être conſommé, à commencer du jour du preſent Arreſt juſqu'au dernier Juin 1696. Après lequel les Droits d'Entrée ſur leſdits Beures, ſeront levez, ſuivant les Arreſts des quatre May 1688. & vingt-huit Octobre 1692. &c.

Du 28. Juin 1695.

Arreſt contradictoire du Conſeil d'Eſtat , qui ordonne que la ſomme de quatre cens cinquante mil livres de fonds & avances du Sieur Jean Arnaud , cy-devant intereſſé dans le Bail des Fermes Unies de Sa Majeſté , demeurera affectée par privilege & preference , au remplacement des ſommes que ledit Arnaud a priſes dans les Caiſſes deſdits Fermiers , des Baux de Maiſtres Pierre Domengue & Pointeau , ſur ſes Billets ou autrement , & au payement des Debets des Commis par lui employez dans l'étenduë deſdites Fermes ; Et décharge les intereſſez auſdites Fermes de Domergue & Pointeau , des aſſignations à eux données au Chaſtelet & à la Cour des Aydes , à la Requeſte des Directeurs des Creanciers dudit Arnaud & autres , &c.

Du 28. Juin 1695.

Arreſt du Conſeil , qui homologue , approuve & confirme le Contract paſſé entre le Sieur Berthelot de Belloy , & le Sieur Jean Martial de Jaucen de la Periere , le vingt-un Juin dernier : Et ordonne que ledit Sieur Jaucen ſera receu pour Caution des Baux de Maiſtres Pierre Dommergue & Pointeau , & au Traité des Vivres de la Marine , & de leur entiere execution , dont il fera ſes ſoûmiſſions ; Qu'il aura entrée & voix déliberative ès Aſſemblées des Sieurs intereſſez , & payé de Droits de preſence , &c.

Du 28. Juin 1695.

Arreſt contradictoire du Conſeil d'Eſtat , qui renvoye aux Officiers de l'Election de Paris , le Procez criminel intenté à la Requeſte de Maiſtre Pierre Pointeau , concernant un divertiſſement fait par les Officiers du Grenier à Sel de Montreau , de concert avec les Commis par lui employez , circonſtances & dépendances , pour le juger , ſauf l'Appel en la Cour des Aydes , &c.

SUITE DE LA TABLE DES ARRETS

Du Conseil, Concernant les Fermes Royales Unies, comprises au Bail fait sous le nom de Me. Pierre Pointeau, donnez pendant les mois de Juillet, Aoust & Septembre 1695.

Du cinquiéme Juillet 1695.

ARREST du Conseil d'Estat, Qui Ordonne que la Verification des Sels saisis, des Fers & Aciers, des Plombs, Marques, Cachets & Timbres qui servent à la Police & Regie des Fermes de Sa Majesté, seront faites (comme avant l'Edit de Création des Experts-Jurez du mois de May 1690.) par Gens Experts dans les matieres dont il s'agira : Et fait Deffenses ausdits Bourgeois, Experts d'y apporter aucun trouble, à peine, &c.

Du cinqui éme Juillet 1695.

Arrest du Conseil, Par lequel Sa Majesté Ordonne ce qui doit estre fait & observé, entre Maistres Pierre Pointeau & Claude Durié, tant pour la Vente des Commissions en Charges, & Ordres pour l'exercice d'icelles, que pour l'Expedition, Cautionnement & execution des Commissions qui seront délivrées par ledit Durié, pour estre exercées en attendant que les Offices soient vendus & les Acquereurs pourveus.

Du neuviéme Juillet 1695.

Arrest du Conseil, Qui Homologue & confirme le Traité fait entre le St Jacques Courtois St Daverly, & la veuve & heritiers du feu Sieur de Turgis le sixiéme du present mois ; Ordonne que ledit St Daverly sera reçû au lieu & place dudit St de Turgis, pour Caution des Baux des Gabelles, Cinq grosses Fermes & autres Unies, & du Traité des Vivres de la Marine, faits sous les noms de Domergue & Pointeau, dont il fera sa Soumission; Que ledit St Daverly aura voix déliberative és Assemblées des Interessez ausdites Fermes, & qu'il sera payé des Droits de Presence & de Commis, conformément aux Societez, à commencer du premier jour du present mois.

Du douze Juillet 1695.

Arreſt du Conſeil, Qui Ordonne avant faire droit ſur la Requeſte de Maiſtre Pierre Pointeau (au ſujet des Droits d'Entrée
& de Huitiéme des Vins gaſtez Entrant en la Ville de Paris, &
de la Viſite & Marque que les Vinaigriers de ladite Ville &
Fauxbourgs, & autres qui font commerce de Vinaigre & Vins
gaſtez doivent ſouffrir)que ladite Requeſte ſera communiquée
auſdits Maiſtres Vinaigriers, pour eux oüis ou leur réponſe
vûë, dans la huitaine du jour de la ſignification du preſent
Arreſt, eſtre Ordonné par Sa Majeſté ce qu'il appartiendra.

Du dix-neuf Juillet 1695.

Arreſt du Conſeil, Qui Evoque le Procez pendant en la Cour
des Comptes, Aydes & Finances de Provence, entre Maiſtre
Pierre Pointeau, Nicolas Richebourg, Sous-Fermiers des Do-
maines de Provence, la Dame Fagone, les Sieurs de Beaulieu
& Tamarlet: Et le Sieur de Templery, Conſeiller en ladite
Cour, donataire des Droits de Lods & Ventes, & Retention par
Prélation des au Roy, par option qui ont eſté faites ſur la Terre de Valfaire, par les Creanciers du Sieur le Blanc ; Renvoye
les Parties pardevant le Sieur le Bret, Premier Preſident au
Parlement & Intendant de la Juſtice, Police & Finance en
Provence, pour eſtre entendus ſur leurs differens, pour raiſon
dudit Droit de Prélation, & dreſſer ſon Procez verbal de
leurs Dires & Conteſtations ; Lequel envoyé, veu & rapporté
au Conſeil avec ſon Avis, ſera par Sa Majeſté Ordonné ce
qu'il appartiendra par raiſon.

Du vingt-ſix Juillet 1695.

Arreſt du Conſeil, Sur la Requeſte de Maiſtre Pierre Pointeau, Qui Ordonne que les Procedures faites, tant par les
Officiers du Grenier à Sel de Montargis, que celles faites par
le Juge de Saint Maurice (au ſujet d'un Meuſnier des environs
de Montargis, qui avoit voulu emporter de force un Sac de
deux Minots de Sel, qu'il pretendoit luy avoir eſté vendu par
les Vo ituriers & Gardes, moyennant Dix-huit livres, lequel
Meuſnier a eſté tué par le nommé Hugot Garde, en deffen-
dant ſa Perſonne & ledit Sac de Sel)ſeront apportées au Conſeil, pour eſtre fait droit ainſi qu'il appartiendra ; Et cependant
qu'il ſera procedé à l'inſtruction du Procez des Accuſez,

circonstances & dépendances , par les Officiers du Grenier à Sel de Montargis , jusques à Sentence diffinitive exclusivement.

Du vingt-six Juillet 1695.

Arrest du Conseil , Sur la Requeste de Maistre Pierre Pointeau , concernant les Droits d'Entrée & de Gros de Cinq cens quatre-vingt-huit Pieces de Vin , que Guillaume de la Naple , Marchand de Vin à Paris , a fait arriver à fausse destination , & qu'il a fait passer pour Vin ordinaire , quoy qu'il y en ait Deux cens quatre-vingt-quinze Pieces de Muscat , qu'il a achepté du nommé Ambecq , qui estoit en Société avec les nommez Boillard & Estocq , Estrangere : Qui Ordonne que les Procez & differends pendans pardevant les Juges Consuls , ou pardevant les Srs Hazon & Paquet , Bourgeois de Paris , entre lesdits la Naple & Ambecq , Boillard & Estocq , pour raison des deniers provenans de la vente desdits Vins , seront jugez par les Officiers de l'Election de Paris , conjointement avec la Demande dudit Pointeau ; & fait deffenses aux Parties de faire poursuites & procedures ailleurs , &c.

Du neuvième Aoust 1695.

Arrest contradictoire du Conseil d'Estat , Qui maintient & garde les Prieure & Religieuses Carmelites de Nostre-Dame des Coüez (conformément à la Pancarte arrestée par la Chambre des Comptes de Nantes , le vingt-cinq Juin 1565.) dans la possession du Droit de Peage d'un Quarteau de Sel sur chaque Barque chargée de Sel venant de la Mer , par la Riviere de Loire au Port de Nantes , portant plus de six Muids mesure Nantoise : A la charge par elles de mettre & entretenir des Balizes depuis l'Isle Botie jusqu'à Trantemont ; Lequel Peage leur sera payé en Argent par les Fermiers , tant pour les années passées qui leurs sont deuës que pour l'avenir , à raison de Trente livres par an , &c.

Du neuvième Aoust 1695.

Arrest du Conseil , Qui Ordonne que le Traité d'abonnement fait entre Maistre Pierre Pointeau , Fermier General des Fermes Unies & du Tabac , le Sieur Vincent Lequint , Fermier des Octrois de la Ville d'Amiens , & Maistre Jacque Chameau , Interessé en la Ferme des Aydes de Picardie , du quatriéme

Novembre 1693. Pour Restablir le Bureau du Tabac du Pont de Metz en ladite Ville d'Amiens, moyennant la Somme de Sept cens livres au Fermier des Octroys, & Trois cens cinquante livres aux Sous-Fermiers des Aydes par an, sera executé selon sa forme & teneur, pour le temps qui reste à expirer du Bail dudit Pointeau.

Du seiziéme Aoust 1695.

Arrest du Conseil, Qui Ordonne que l'Edit du mois d'Avril 1690 pour l'establissement des Droits de Marque sur les Chapeaux, & les Arrests du Conseil donnez en consequence seront executez, &lesdits Droits levez en la maniere accoustumée : Et en cas de Contestations, qu'elles seront jugées par le Sieur Auvillon, President en l'Election de Paris, que Sa Majesté a Commis à cét effet, & que les Ordonnances qui seront par luy renduës seront executées par Provision, sauf l'Appel en la Cour des Aydes.

Du vingt Aoust 1695.

Arrest du Conseil, Qui Ordonne que les Poursuites & Procedures commencées pour raison des violences & voyes de fait commises contre Pierre de la Farelle, Capitaine de la Brigade des Fermes-Unies à Culhac, & ses Cavaliers, en poursuivant des Faux-Sauniers : Contre le Meusnier du Moulin Blanc, ses Valets & Domestiques, & contre la nommée Dalbine, seront continuées par les Officiers de la Cour des Aydes de Clermont-Ferrand, & le Procez fait aux coupables & complices, selon la rigueur des Ordonnances ; Fait deffenses aux Officiers du Presidial de Riom d'en prendre Connoissance à peine, &c. Et que les Informations & autres procedures faites par lesdits Officiers, seront apportées au Greffe de ladite Cour, par le Greffier dudit Presidial & autres Dépositaires, à ce faire contraints par corps, &c.

Du vingt-sept Aoust 1695.

Arrest du Conseil, Qui Ordonne que les Sous-Traitez & Marchez faits par les nommez de la Cour & Boquet, avec les Voituriers & autres, pour raison de la Voiture des Sels pour le fournissement des Greniers de la Ferme des Gabelles, en execution des Traitez faits avec Maistre Pierre Pointeau& lesdits Boquet & la Cour, les sept & quatriéme Aoust 1693. de-

meureront nuls & comme non avenus à leur égard ; Sans qu'il
puisse estre rien pretendu contr'eux, par lesdits Voituriers &
autres, dont Sa Majesté les a Déchargez : Et que Charles de
Fourcroy, avec lequel ledit Pointeau a traité à déchet dudit
fournissement, aura la faculté d'entretenir ou resilier lesdits
Sous-Traitez & Marchez faits par lesdits de la Cour & Boquet, sans que lesdits Voituriers & autres puissent pareillement pretendre aucun dédommagement contre ledit Fourcroy & ses Cautions.

Du vingt-sept Aoust 1695.

Arrest du Conseil Qui Ordonne que les Informations faites
par le Juge des Déposts de Saint Vallery, à la requeste de
Charles le Roux Contrôlleur des Gabelles audit lieu, pour
raison d'un assassinat contre luy commis, par les nommiez Jacques & Loüis le Marchand, & celles faites par le Juge de l'A-
mirauté, sur la plainte desdits le Marchand, seront rapportez
au Conseil, pour icelles vûës estre fait droit ainsi qu'il appartiendra : Et que l'instruction commencée par le Juge des
Déposts sera continuée jusqu'à Jugement diffinitif, & fait
deffenses au Juge de l'Amirauté d'en connoistre, &c.

Du vingt-sept Aoust 1695.

Arrest du Conseil, Qui Deboutte Maistre Pierre Pointeau,
de sa Demande en cassation de l'Arrest du Parlement de Bretagne du vingt-cinq Septembre 1691. rendu en faveur des
Cordeliers de Guingamp, pour la joüissance des Droits à eux
attribuez pour leurs Provisions : Et ordonne qu'à l'avenir
l'Arrest contradictoire du Conseil du vingt-huit Decembre
1688. sera executé selon sa forme & teneur.

Du sixiéme Septembre 1695.

Arrest du Conseil, Qui Ordonne, que l'Arrest du vingt-trois
Avril dernier, & la Sentence du Chastelet du douze Aoust en
suivant seront executez : Et en consequence, que la somme de
Quatre cens cinquante mille livres d'avance, que feu Monsieur
de Laporte avoit dans le Bail des Fermes-Unies sous le nom
de Maistre Pierre Pointeau, demeurera du consentement de la
veuve dudit Sr de Laporte, en son nom & comme mere &
tutrice de ses Enfans, dans la Caisse desdites Fermes, pour
seureté de l'execution du Bail & Societé desdites Fermes, &

du Traité des Vivres de la Marine ; Et que les Interests de ladite somme , ensemble les Droits de Presence , seront payez au Sieur de Laporte fils sur ses Quittances , par le Receveur General desdites Fermes , en consequence de la Procuration que sa mere luy fournira , sans qu'elle puisse estre revoquée ny renouvellée ; quoy faisant les Cautions dudit Pointeau en seront bien & valablement déchargez.

Du sixiéme Septembre 1695.

Arrest du Conseil , Qui Ordonne qu'à la Requeste , poursuite & diligence de Maistre Pierre Pointeau , Fermier General des Gabelles , il sera informé des Soustractions de Vente faite au Grenier à Sel de Nuits, pendant le Bail courant dudit Pointeau , par Monsieur Ferrand Intendant de Justice , Police & Finance en Bourgogne ; Et le Procez fait aux coupables jusqu'à Jugement diffinitif exclusivement,pour le tout envoyé, vû & rapporté au Conseil estre ordonné ce qu'il appartiendra.

*
Du sixiéme Septembre 1695.

Arrest du Conseil, Qui Proroge pendant une année, la Décharge du Droit Annuel accordée par l'Arrest & Declaration du quatriéme May 1688. à ceux qui tiennent des Vignes , Dixmes ou Pressoirs à Ferme & des Vignes à moitié : Et aux Hameaux & Escarts , la Décharge des Cinq sols anciens & nouveaux, de la Subvention à l'Entrée & de l'Augmentation , &c.

*
Du sixiéme Septembre 1695.

Arrest du Conseil , Qui Ordonne que la somme de Seize cens quarante-un mil livres , sera tenuë en Surseance par Maitre Pointeau , Fermier General des Fermes-Unies, aux Sous-Fermiers des Aydes & Droits y joints des Generalitez & Elections y specifiées , & Repartie également sur chacun des payement des quatre derniers mois de l'année courante , finissant au dernier jour du present mois ; Laquelle sera pareillement tenuë en Surseance par Sa Majesté , audit Pointeau sur le prix de son Bail , &c.

Du sixiéme Septembre 1695.

Arrest du Conseil, Qui Ordonne que les Ouvrages de Maçonnerie contenus au Devis & Avis du Sieur Bruant Architecte des Bastimens du Roy ; du onziéme Aoust dernier , Pour le rétablissement d'un mur métoyen qui separe l'Entrée du Bureau

du Tabac ruë du Boulloir, d'avec la Maison voisine appartenante aux Carmelittes, seront publiées au rabais en la maniere
accoûtumée : Et qu'en consequence de l'Adjudication, ils seront faits & les deniers necessaires avancez par Maistre Pierre
Pointeau Fermier des Fermes-Unies ; Auquel il en sera tenu
Compte, en la dépense de ses Comptes de la presente année,
en rapportant lesdits Devis & Avis, le Procez Verbal d'Adjudication & les Quittances du payement par luy fait du montant
desdits Ouvrages.

Du treize Septembre 1695.

Arrest du Conseil, Qui Ordonne que les Amendes appar-
tenantes aux Fermiers des Domaines par leurs Baux, leur seront payez sur les Biens des Condamnez, par preference aux
frais de Justice ; Lesquels ne pourront estre payez que sur le
surplus des Biens desdits Condamnez.

Du vingt Septembre 1695.

Arrest du Conseil, Qui Ordonne qu'en payant par Maistre
Pierre Pointeau, aux Officiers du Grenier à Sel de Caudebec,
les Vingt sols ordinaires pour les Frais de Descente : Ils seront
tenus de faire le Mesurage dans les Vaisseaux en la maniere
accoûtumée ; Sans qu'ils puissent exiger aucun Sel sous pretexte
de Gratification ou autrement, à peine de tous dépens, dommages & interests dudit Pointeau pour le retardement.

Du vingt Septembre 1695.

Arrest du Conseil, Qui Ordonne que par Maistre Pierre
Pointeau, Fermier General des Fermes-Unies ; Il sera tenu
Compte aux Sous-Fermiers des Aydes, Jauge & Courtage,
Papier & Parchemin Timbrez des Generalitez y specifiées, sur
le prix de leurs Baux & Arrieres-Baux, de l'année commencée au premier Octobre 1693. & finie au dernier Septembre
1694. de la Somme de Deux millions cinq cens trente-neuf
mil quatre cens vingt-huit livres, pour leur Indemnité de tout
ce qu'ils pourroient pretendre, à cause des pertes par eux souf-
fertes pendant ladite année : de laquelle il sera pareillement
fait déduction audit Pointeau, sur le prix de son Bail, &c.

Du vingt Septembre 1695.

Arrest du Conseil, Qui Ordonne, que l'Arrest du sixiéme
du present mois, concernant les Ouvrages à faire au mur

metoyen qui fepare l'entrée du paffage du Bureau du Tabac, à la Maifon voifine appartenante aux Carmelites, fera execu-tée : Et l'Adjudication defdits Ouvrages faite par le Sieur de Montigny, Treforier de France au Bureau des Finances de Paris, & le prix payé fur fes Mandemens.

Du vingt-fept Septembre 1695.

Arreft du Confeil, Qui reçoit les Offres des Proprietaires des Marais dépendans de la Baye de Bourgneuf en Bretagne : Et en confequence, Ordonne qu'ils fourniront par chacune année aux Fermiers des Gabelles de France, au Port de la Riviere de Nantes, le nombre de charges de Sel qui fera requis par lefdits Fermiers, en leur payant le prix à raifon de Vingt livres la Charge, fuivant qu'il eft reglé par l'Arreft du Con-feil du vingt-trois Mars 1694. au fur & à mefure des Sels qu'ils livreront à Nantes, & le prix du tranfport fur le pied ordinaire ; Et permet aufdits Proprietaires de fe fervir de Dix des trente Barques deftinées pour le Tranfport defdits Sels, & de vendre le furplus de leur Sel, comme ils aviferont, &c.

Du vingt-fept Septembre 1695.

Arreft du Confeil, Qui Accorde la quantité de quatorze Muids, fix Septiers, deux Minots de Diminution, fur l'Impoft du Sel fait fur les Paroiffes des Greniers à Sel d'Iffoudun, Buzançois, la Chaftre & Argenton ; Sçavoir, quatre Muids, quatre Septiers deux Minots, fur les Paroiffes du Grenier à Sel d'Iffoudun ; Deux Muids onze Septiers, fur celles du Gre-nier à Sel de Buzançois ; Quatre Muids deux Septiers, fur celles du Grenier à Sel de la Chaftre ; Et trois Muids un Septier, fur celles du Grenier d'Argenton : Defquelles Di-minutions il fera arrefté un Eftat de Repartition, par le Sieur de Seraucourt, Commiffaire Départy en la Generalité de Bourges, qu'il envoyera au Confeil.

SUITE DE LA TABLE DES ARRESTS

Du Conseil, Concernant les Fermes Royales-Uniës, comprises au Bail fait sous le nom de Mᵉ Pierre Pointeau, donnez pendant les mois d'Octobre, Novembre & Decembre 1695.

Du dix-huit Octobre 1695.

ARREST du Conseil d'Estat, Qui Ordonne que par Monsieur de Bouville, Intendant de Justice, Police & Finance en la Generalité d'Orleans, il sera informé contre les Voituriers chargez de la Voiture des Sels pour la Provision de la Ferme Generale des Gabelles, qui ont ouvert les sacs de Sel, depuis leur chargement, & en ont volé & vendu sur leur route, aux Hôtelleries & Maisons particulieres, & ont suposé des naufrages pour couvrir leurs Vols & Déchets extraordinaires : Et contre les Officiers, Commis aux Descentes & autres Employez qui les ont favorisez, acheté & recellé lesdits Sels, & suprimé les Ventes, circonstances & dépendances ; & le Procés par luy fait aux Coupables, suivant la rigueur des Ordonnances, jusqu'au Jugement diffinitif, en tel Presidial qu'il voudra choisir, luy en attribuant toute Jurisdiction & connoissance, en dernier ressort, & luy permet de faire & faire faire telle Visite qu'il appartiendra, &c.

Du dix-huit Octobre 1695.

Arrest du Conseil, Qui ordonne conformément à l'Ordonnance & Reglement du Roy François I. du neuf Mars 1546. Que le Sᵗ Marquis de Sablé sera payé de son Droit de Péage, sur les Bateaux passant sur la Riviere de Sarre, par la Porte Mariniere, au dessous du Chasteau de Sablé, en argent & non en essence en Sel, Et qu'il se pourvoira pour les arrérages du passé, ainsi & contre qui il avisera bon être, Deffenses aucontraire.

Du vingt-neuf Octobre 1695.

Arrest du Conseil, qui accorde aux Religieuses de la Visitation de Sainte Marie de Chaillot, l'Exemption des Droits d'Entrées de Vingt-cinq Muids de Vin, pour faire avec les Quinze muids dont elles joüissent, la quantité de Quarante muids de Vin pour la Provision de leur Maison: Et Cinq minots de Sel de Franc-salé d'augmentation, pour faire avec les Cinq dont elles joüissent, le nombre de dix Minots , en payant les Droits ordinaires & accoûtumez ; Et que l'employ defdits Vingt-cinq muids de Vin , & cinq minots de Sel d'augmentation , fera faite dans les Etats qui feront arrêtez au Confeil , pour l'année prochaine & les fuivantes.

Du dix-fept Novembre 1 6 9 5.

Arreft de la Cour des Aydes de Clermont-Ferrand , Qui fait deffenfes aux Marchands , Regratiers & autres vendans Sel , tant en gros qu'en détail , dans l'étenduë du Pais redimé , d'en vendre pendant le jour ou la nuit , qu'à des gens connus pour domiciliez , & aux inconnus que fur des Certificats des Curez des lieux , Confuls & autres perfonnes publiques , qui certifieront lefdits inconnus eftre Habitans dudit Païs redimé: Et ordonne que les Vendans Sel , tiendront chacun un Regiftre des Sels qu'ils débiteront excedans une coupe , & des Certificats fur lefquels ils en délivreront aux inconnus , enfemble de leur declaration , & fi c'eft pour en faire commerce , ou pour leur provifion , à peine , &c.

Du vingt-deux Novembre 1695.

Arreft du Confeil , Qui ordonne que l'Arreft du dix-huit Octobre dernier fera executé ; Et que les Informations commencées pour raifon d'un Faux-Saunage commis en plufieurs endroits de la Generalité d'Orleans , par les Voituriers & autres , feront continuées , & procedé à de nouvelles par addition , fi befoin eft , par le Sieur de Bouville , ou par tels Officiers ou Graduez qu'il commettra ; Pour lefdites Informations rapportées devant luy , & communiquées au Sieur le Grand , Avocat du Roy au Baillage & Prefidial d'Orleans , que Sa Majefté commet à cet effet , pour fon Procureur en ladite Commiffion , eftre avec les Officiers dudit Prefidial , Ordonné ce qu'il appartiendra , & ce qui fera ordonné par ledit Sieur Commiffaire , ou par ceux qu'il fubdeleguera , exécuté nonobftant Oppofitions ou Appellations , &c.

Du vingt-neuf Novembre 1695.

Arreft du Confeil , Qui ordonne que Monfieur Phelippeaux , Confeiller d'Eftat , Intendant de Juftice , Police & Finance en la Generalité de Paris , ou fon Subdelegué , pourfuite & diligence de Pierre Pointeau , Fermier General des Gabelles , il fera informé du Faux-Saunage commis par les particuliers qui ont fait le Lavage des Sacs (qui ont fervi à porter au Grenier à Sel de Dreux en la prefente année , le Sel neceffaire pour le fourniffement) cuiffon des Eaux & produit du Sel fabriqué en la Maifon d'Homeaux , voifine de ladite Ville de Dreux , enfemble contre les

Complices, circonstances & dépendances, & le Procés par luy fait aux Coupables en dernier ressort, avec les Officiers de telle Jurisdiction de son Département qu'il voudra choisir, ausquels Sa Majesté en attribuë toute Cour, Jurisdiction & connoissance, &c.

Du vingt-neuf Novembre 1695.

Arrest du Conseil d'Estat, Qui ordonne que par Monsieur Foucault, Commissaire départy en la Generalité de Caën, il sera informé contre les Sieurs de la Sipiere, Capitaine au Regiment de Vexin, Delecluse, Officier audit Regiment, du Saussoy, Commissaire d'Artillerie, & autres coupables & complices, des excés, violences & voyes de fait par eux commis, contre les Capitaines & Gardes de la Brigade établie à Cherbourg pour la conservation des Droits des Fermes de Sa Majesté ; Pour l'Information envoïée à Sa Majesté, estre par Elle ordonné ce qu'il appartiendra.

Du vingt-neuf Novembre 1695.

Arrest Contradictoire du Conseil d'Estat, Qui maintient & garde les Maires, Syndic & Habitans de la Ville de Sedan, dans la possession où ils sont de ne payer que Quarante-sept sols trois deniers, pour chacune piéce de Vin jauge de Champagne, qu'ils tirent pour être consommez dans ladite Ville : Et en consequence Ordonne que l'Arrest du Conseil du six May 1681. sera executé pour le passé & pour l'avenir, &c.

Du dixiéme Decembre 1695.

Arrest du Conseil d'Estat du Roy, Qui ordonne que par Monsieur Bignon, Intendant de Justice, Police & Finance en Picardie & Artois, il sera informé des violences & voyes de fait commises contre les Brigadier & Gardes des Gabelles, par les Cavaliers & autres qui ont commis le Faux-saunage dénommez au Procés verbal dressé par lesdits Brigadier & Gardes, pour l'Information envoyée à Sa Majesté, être par Elle ordonné ce que de raison.

Du treiziéme Decembre 1695.

Arrest du Conseil, Qui ordonne que dans les Greniers où il n'y a aucuns nouveaux Officiers pourvûs aux Charges de Presidens, Grenetiers ou Contrôlleurs, créez par Edit du mois d'Octobre 1694. ou des Commis nommez par Sa Majesté, à l'exercice desdits Offices ; les Elûs, Grenetiers & Controlleurs, chargez des clefs des Greniers & Chambres à Sel dépendans de la Ferme Generale des Gabelles de France, seront tenus d'assister à l'Emplacement, Descente & Mesurage des Sels, & de se charger des Masses qui seront emplacées dans lesdits Greniers & Chambres, dont ils seront solidairement responsables, conjointement avec les Receveurs desdits Greniers, jusqu'à ce qu'il y ait des Commis par Sa Majesté.

Du treize Decembre 1695.

Arrest du Conseil, Qui ordonne que les Arrests des dix-huit Octobre & vingt-deux Novembre 1695. seront executez : Et en consequence, sans avoir égard à l'Arrest de la Cour des Aydes, du vingt-un Novembre dernier, ny aux deffenses portées par iceluy ; a évoqué à soy & renvoïé au Sieur de Bouville la connoissance, instruction & Jugement en dernier ressort, du Procés extraordinaire commencé contre les nommez de Laune, Leduc, Boiseau & Bolacre, Voituriers par eau & Bâteliers, circonstances & dépendances, pour les juger avec des Graduez, ou en tel Présidial qu'il voudra choisir, luy en attribuant à cet effet toute Cour & Jurisdiction, & icelle interdite à tous autres Juges..

Du vingt Decembre 1695.

Arrest du Conseil d'Estat du Roy, Qui ordonne que les Procedures commencées par les Officiers du Grenier à Sel de Buzançois (contre le nommé David, Chef de bande de Faux-Sauniers à port d'Armes, ses Camarades, & des Cavaliers de la Compagnie de Monjeu du Regiment de Vaillac) qui ont fait main-basse sur les Brigadier & Gardes des Gabelles, le trente Novembre dernier, seront continuez : Et le Procés fait aux coupables & complices du Faux-Saunage en question, & jugé par Monsieur de Seraucourt, Commissaire départy en la Generalité de Bourges en dernier ressort, avec le nombre des Graduez porté par les Ordonnances ; Sa Majesté luy en attribuant à cette fin toute Cour, Jurisdiction & Connoissance, icelle interdisant à toutes ses Cours & autres Juges.

SUITE DE LA TABLE DES EDIT,

Arrests du Conseil & de la Cour des Aydes, Concernant les Fermes Royales Unies comprises au Bail fait sous le nom de Me Pierre Pointeau, donnez pendant les mois de Janvier, Février & Mars 1696.

Du troisiéme Janvier 1696.

ARREST du Conseil d'Estat, Qui ordonne, que la Ferme des Droits sur les Bois Ouvrez & à Bâtir, Seiage, Charonnage & autres, Entrans en la Ville & Fauxbourgs de Paris : Et Controlle des Bieres, dans ladite Ville & Fauxbourgs, sera Publiée & adjugée au plus offrant & dernier encherisseur, au Bureau des Fermes-Unies, à la folle-Enchere de Robert Legendre & ses Cautions, en presence de Mr de Chamillart, Conseiller d'Estat Ordinaire, Intendant des Finances, que Sa Majesté a commis à cet effet, pour deux années qui commenceront du premier Octobre dernier, &c.

Du dixiéme Janvier 1696.

Arrest du Conseil d'Estat, Qui ordonne, que dans un mois du jour de la signification du present Arrest, les Fermiers des Domaines qui pretendent des indemnitez, pour la non-joüissance des droits des Greffes des Affirmations, aliénez en execution de la Declaration du vingt-trois Avril 1689. fourniront à Me Pierre Pointeau, Fermier General des Fermes-Unies, des Estats certifiez du produit desdits droits, chacun dans l'étenduë de la Ferme, dans lesquels ils feront mention du jour qu'ils ont cessé de les percevoir ; Faute dequoy ils demeureront déchûs de ladite Indemnité, &c.

Du dixiéme Janvier 1696.

Arrest du Conseil d'Estat, Qui déclare la Saisie faite à la Requeste de Jacques de Boüelle, Voiturier par Eau le vingt-neuf Decembre dernier, nulle & comme non avenuë, & toutes celles qui pourroient estre faites cy-aprés és mains de Pierre Pointeau, Fermier General des Gabelles & autres

Fermes-Unies , fur le payement à faire aux Entrepreneurs des Voitures des Sels ésGreniers de laRiviere de Seine &autres : Décharge ledit Pointeau de l'Affignation à luy donnée pardevant les Prevoft des Marchands & Efchevins de Paris,pour Affirmer fur ladite Saifie , & fait deffenfes audit Bouëlle de faire aucune pourfuite fur icelle aux peines y portées ; Sauf à luy & à tous autres qui auront prefté leurs deniersaux Voituriers particuliers, de faire faifir és mains des Entrepreneurs generaux defdites Voitures.

Du dixiéme Janvier. 1696.

Arreft du Confeil d'Eftat du Roy, Qui ordonne que par Mr de Seraucourt , Commiffaire départy en la Generalité de Bourges , il fera informé du contenu au Procès verbal fait par les Capitaine & Gardes de la Brigade de Martifey , & autres, de Berry & de Touraine, du feize Decembre dernier, contre plufieurs Faux-Sauniers, Cavaliers des Compagnies de Montjeu & de Saint Julien , Regiment de Clermont , circonftances & dépendances , & le Procès fait & parfait aux coupables & complices , & par luy jugé en dernier reffort ; avec le nombre de Graduez requis par l'Ordonnance , Sa Majefté luy en attribuant toute Cour, Jurifdiction & connoiffance , icelle interdifant à toutes fes Cours & autres Juges.

Du dixiéme Janvier 1696.

* Arreft du Confeil d'Eftat du Roy , Qui ordonne qu'à la diligence de Maiftre Pierre Pointeau , Adjudicataire des Fermes-Unies , il fera par Monfieur Bouchu , Intendant de Juftice , Police & Finances en Dauphiné & Savoye , ou fes Subdeleguez , établis aux lieux de l'Entrée de Savoye, des Bureaux aufquels les Marchandifes venant des Païs Etrangers où y allant, feront déclarées, vûës, vifitées & acquittées , en conformité des anciennes Ordonnances du Royaume , du Tarif de 1664. Declarations, Arrefts & Reglement y fpecifiez: Et fait deffenfes aux Sujers de Sa Majefté , & aux Etrangers , de faire entrer par la Savoye aucunes fortes de Marchanifes permifes , que par lefdits Bureaux , à peine de confifcation defdites Marchandifes, desVoitures , & de quinze cens livres d'amende , &c.

Du vingt-quatre Janvier 1696.

Arreſt du Conſeil d'Eſtat , Rendu ſur la Requeſte de Mᵉ Pierre Pointeau, Fermier General des Fermes Royales-Unies, Qui ordonne , que l'Arreſt du vingtiéme Avril 1694. ſera executé : Et en conſequence décharge le Sieur le Jay , Commis à la Recette du Grenier à Sel , & des Traites à Honfleur , de la contribution de Neuf livres , à laquelle il a eſté Taxé , pour ſa cotte-part de la Taxe faite pour raiſon des Eaux & Fontaines ; Fait deffenſes de mettre aucuns Ju-gemens & contraintes à execution : Et que le preſent Arreſt ſera déclaré commun pour tous les Commis des Fermes.

Du vingt-quatre Janvier 1696.

Arreſt contradictoire du Conſeil d'Eſtat , ſur les Requeſtes de Mᵉ Pierre Pointeau , Fermier General des Fermes-Unies : Et de Philippes Eſtor & Jacob Bollard Marchands de la Ville de Beziers , Qui ordonne , que la Sentence d'Appointement des Elûs de Paris , du cinq Septembre dernier , ſera executé ; Et en conſequence que les Parties ſeront tenuës de proceder en ladite Election , ſur la demande dudit Pointeau , en confiſ-cation des Vins & autres choſes par luy ſaiſies ſur Guillaume de la Naple & Hembeq , & ſur la demande en garantie dudit Hembeq , contre leſdits Heſtor & Bollard , pour eſtre le tout jugé conjointement & diffinitivement par leſdits Elûs , ſauf l'appel en la Cour des Aydes , &c.

Du vingt-quatre Janvier 1696.

Arreſt contradictoire du Conſeil d'Eſtat, ſur les Requeſtes reſpectives de Maiſtre Pierre Pointeau , Fermier General des Fermes - Unies : Et des Maiſtres Vinaigriers de la Ville & Fauxbourgs de Paris , Qui ordonne qu'aprés le ſéjour que les Vins déclarez gaſtez auront fait aux Bureaux de la Ferme Generale, conformément à l'Ordonnance du mois de Juin 1 6 8 o. Il ſera mis dans chacun des Vaiſſeaux dix pintes de Vinaigre , aux frais des Vinaigriers ou autres auſquels ils appartiendront, au lieu de quatre Pintes portées par l'Article I I I du Titre des Declarations & payement des Droits de ladite Ordonnance , auquel Sa Majeſté a dérogé & déroge par le preſent Arreſt , à cét egard ſeulement , ſans tirer à conſequence.

Du mois de Février 1696.

Edit du Roy, Portant que tous Voituriers, Commis, Gardes & autres Charges de la conduite des Sels , tant par Eau, que par Terre, qui seront convaincus d'avoir décousu, défilé ou déplombé les Sacs & en avoir osté ou souffert qu'il en ait esté osté du Sel , ou d'avoir fait perir les Bâteaux seront pendus & étranglez comme Voleurs domestiques , & leurs biens acquis & confisquez , &c.

Du septiéme Février 1696.

Arrest du Conseil d'Estat , Qui ordonne aux Officiers du Grenier à Sel de Montreau en exercice , d'assister au Grenier les jours d'ouverture d'iceluy, estre presens à la distribution du Sel , en faire l'enregistrement au fur & à mesure que le Receveur en fera l'appel, sans changer l'ordre du Registre ; Et deffend ausdits Officiers & Procureur du Roy, de troubler ledit Receveur dans la Recette & fonction , de toucher à la Tremuye, & faire délivrer aucun Sel de gratification , ou autrement ; Et deffend aussi aux autres Officiers qui ne sont point en exercice de se trouver au Grenier les jours de distribution , &c.

Du onziéme Février 1696.

Arrest de la Cour des Aydes , Qui regle les formalitez & procedures qui seront faites en execution des Articles XIX. & XX. du Titre dix-sept de l'Ordonnance des Gabelles de 1680. pour la validité des Procés verbaux des Gardes des Gabelles , tant des Sels de Capture , que de ceux saisis chez les domiciliez : Et ordonne , que les Sels de capture sur les Faux-Sauniers , seront déposez & mis dans les Greniers à Sel du ressort de ladite Cour, par Masses separées , avec deffenses de les faire déposer aux Greffes desdits Greniers , & que ledit Arrest sera lû publié & registré és Siéges desdits Greniers à Sel l'Audiance tenant , & enjoint aux Substituts du Procureur General d'y tenir la main , &c.

Du quatorze Février 1696.

Arrest du Conseil d'Estat du Roy, Qui ordonne , que par Monsieur de Miromenil, Commissaire départy en la Generalité de Tours, il sera informé des violences & voyes de fait commises contre les Gardes de la Brigade des Gabelles établie à Prez en Pail, le vingt-cinq Janvier dernier, par cinq Cavaliers du Regiment de Fienne, estant en Garnison au Bourg de S. Aubin du Desert, & le Procès fait & par luy jugé en dernier ressort, avec le nombre de Graduez porté par les Ordonnances, Sa Majesté luy en attribuant à cette fin toute Cour, Jurisdiction & connoissance, & icelle interdisant à toutes ses Cours & autres Juges.

Du quatorze Février 1696.

Arrest contradictoire du Conseil d'Estat, sur les Requestes respectives des Procureurs postulans du Baillage & Siége Présidial de Caën : Et Maistre Pierre Pointeau, Fermier des Fermes-Unies, Qui ordonne, que ledit Pointeau sera tenu de payer ausdits Procureurs, le droit de six deniers pour livre des dommages & interests à luy adjugez par Jugement dudit Présidial, le vingt-neuf Mars 1695. ensemble des frais de Rapport & ceux dudit Jugement, à quoy faire il sera contraint : Et fait deffenses à tous Huissiers & Sergens de signifier à l'avenir, aucune Sentence, Jugement & Arrest portant condamnations de dépens, qu'il ne leur soit apparu du payement des six deniers pour livre dudit droit de Controlle, sous les peines portées par l'Edit du mois de Mars 1694. & Arrests rendus en consequence, qui seront executez, &c.

Du quatorze Février, 1696.

Arrest de la Cour des Aydes, Qui ordonne, que les Particuliers qui s'obligeront par les Baux qu'ils feront de leurs Maisons, aux Hostelliers, Cabaretiers, & vendans Vin en gros & en détail, de leur fournir des Meubles pour meubler les maisons qu'ils loüeront, seront tenus dans les trois jours de la passation desd. Baux, & de faire un Inventaire sommaire des Meubles qu'ils auront fourny ausdits Locataires, & ce pardevant les mêmes Notaires qui auront passé lesdits Baux, & de faire signifier copies d'iceux & desdits Inventaires trois jours aprés aux Fermiers des Aydes ou à leurs Commis, à peine de nullité, &c.

Du vingt-un Février 1696.

Arrest du Conseil d'Estat, Qui ordonne, que les Arrests qui ont ordonné qu'il seroit informé par Monsieur de Bouville, Intendant dans la Generalité d'Orleans, du Faux-Saunage &

Versement de Sel commis en ladite Generalité, seront executez ; Ce faisant que les Procedures encommencées par ledit
Sieur de Bouville, seront continuées, & le Procès fait aux
Commis, Officiers des Greniers, Entrepreneurs des Voitures,
leurs Préposez, Regratiers, Voituriers & autres, pour estre
ledit Procès, (même les dommages & interests de la Ferme,
pour les dechets extraordinaires & Faux-Submergemens des
Sels chargez à Nantes, pour l'étenduë de ladite Ferme, pendant les années 1694. 1695. & la courante) jugé en dernier
ressort, sur les conclusions du Sieur le Grand, par ledit Sieur
de Bouville, avec tel Présidial qu'il voudra choisir, & luy
permet de subdeleguer ; & qu'il sera fait une visite generale
dans les Villes & Paroisses de son département, & ceux qui
n'auront pas fait le devoir de Gabelles, condamnez suivant
la rigueur des Ordonnances, &c.

Du vingt-huit Février 1696.

Arrest contradictoire du Conseil d'Estat, Qui ordonne,
que les Arrests du Conseil, des 5. Janvier & 14. Février 1694.
seront executez ; & que le Sieur Antoine Bourdon & consors,
Bourgeois & Marchands de la Ville d'Eu & Treport, payeront les Sels qui leur ont esté délivrez pour la salaison des
Poissons de leurs Pesches, és années 1692. 1693. & suivan-
tes, & qui leur seront délivrez pendant la presente Guerre, à
raison de deux cens vingt livres le Muid mesure de Paris, à
ce faire contruiats ; Enjoint aux Officiers du Grenier à Sel
d'y tenir la main.

Du vingt-huit Février 1696.

Arrest du Conseil d'Estat, Qui renvoye à Monsieur de
Bouville, Intendant de la Generalité d'Orleans, la Requeste
de Maistre Pierre Pointeau ; tendante, à ce qu'il fut permis
aux Marchands Epiciers Droguistes de la Ville d'Orleans,
de vendre & debiter les Drogues & preparations Chimiques,
les compositions de Theriaque, d'Alkermes, d'Hyacinte &
Mitridat, les Sirops simples & autres semblables Marchandises & Drogueries qui se tirent des Païs Etrangers ou lieux
Forains, contre les Apoticaires de ladite Ville, & autres qui
les veulent troubler dans ce Commerce ; Et ordonne qu'il

dreſſera ſon Procès verbal, pour le tout vû au Conſeil, avec ſon avis, eſtre fait droit ainſi qu'il appartiendra.

Du vingt-huit Février 1696.

Arreſt du Conſeil d'Eſtat, Qui ordonne qu'il ne ſera payé aux Fermiers des Domaines du Roy, que deux ſols pour le Controlle des Exploits & Actes qui feront faits à la Requeſte de Maiſtre Jean Brachet, chargé du Recouvrement des ſommes provenantes de l'execution de l'Edit du mois de Février 1696. (Portant confirmation des Foires & Marchez du Royaume,) & deux ſols aux Controlleurs, &c.

Du dix-ſept Mars 1696.

Arreſt contradictoire du Conſeil, Qui déclare quinze Pieces d'Eau-de-Vie appartenante au nommé d'Arche, mentionnées au Procès verbal de ſaiſie faite le troiſiéme Decembre dernier, que le Sieur de Rodes, Entrepreneur General de la fournitures des Hoſpitaux du Hainault (qui abuſoit des Paſſeports qui luy ont eſté donnez vouloit faire paſſer en fraude) acquiſes & confiſquées ; Et que les Gardes & dépoſitaires d'icelles, ſeront contraints de les remettre entre les mains de Maiſtre Pierre Pointeau, ſes Procureurs & Commis ; quoy faiſant déchargez.

Du vingt-ſept Mars 1696.

Arreſt du Conſeil d'Eſtat, Qui ordonne, que le Jugement des Officiers du Regiment de la Marre, pretendu avoir eſté rendu à l'encontre du nommé Francourt, Soldat dudit Regiment de la Compagnie de Villeneuve, arreſté faiſant le Faux-Saunage, par les Gardes de Maiſtre Pierre Pointeau, le vingt-deux Decembre dernier ; enſemble les Informations faites par les Officiers du Grenier à Sel d'Ernée, ſeront apportées au Greffe du Conſeil, & cependant ſurcis à toutes pourſuites & procedures Criminelles à l'encontre des Commis & Gardes.

Du vingt-ſept Mars 1696.

Arreſt contradictoire du Conſeil d'Eſtat, Qui décharge les Habitans de Charleville, du droit du Tarif du 13. Juin 1671. pour l'Entrée de Flandres & Hainault, ſur le Sel qu'ils ont fait & feront venir de Liége pour leur conſommation, & ce par la Riviere de Meuſe, & ſans emprunter aucun paſſage ſur leſdites Provinces.

Du vingt-sept Mars 1696.

Arrest du Conseil d'Estat, Qui décharge les Habitans de
Charleville, des deux mil six cens quatre vingt-sept livres à
eux demandez, pour les Droits du Sel entré pour leur consommation & pour celle des Habitans des Villages de la Sou-
veraineté de ladite Ville, pendant le Bail de Maistre Pierre
Pointeau, jusqu'à present : Ordonne qu'ils pourront faire
entrer en ladite Ville jusques à deux cens cinquante Voyes de
Sel, pour leur consommation, qui seront déchargées du droit
de Cent sols, nonobstant l'Article XIV. du Bail des Gabelles, à la charge que les Voituriers desdits Sels venant de
Liége, par la Meuse, seront tenus d'en faire leur déclaration
au premier Bureau des Traites sur la Route, & d'y prendre un
Acquit à caution, de rapporter dans quinzaine Certificat de
la descente & emplacement desdits Sels au Magazin de Charleville, à peine de payer au prix du Grenier, la valeur des Sels
qui se trouveront manquer, & la même chose pour les Sels qui
seront enlevez de l'Isle & autres lieux de Flandre, & Hainault par Terre, &c.

Du vingt huit Mars 1696.

Arrest du Conseil d'Estat du Roy, Qui ordonne que les
Laines d'Espagne, destinées pour les Provinces de l'étenduë
des Cinq grosses Fermes, venant par Terre par Bayonne ou
par Bordeaux, durant la presente année, ne payeront pour
tous droits d'Entrée, que ceux portez par le Tarif de 1664.
de même que si elles estoient venuës à droiture par Roüen,
ou autres Ports sujets ausdites Cinq grosses Fermes.

www.ingramcontent.com/pod-product-compliance
Lightning Source LLC
LaVergne TN
LVHW021741060726
842528LV00003B/763